解析國內外 19 間企業轉型策略
營運優化、顧客滿意、獲利提升、開創新商機！

金融數位轉型趨勢與成功方程式

謝明華、周樹林、李震華、李宜熹、
數位轉型研究團隊 —— 合著

【推薦序 1】

一本收錄數位轉型 Best Practice 的示範之作

　　專欄作家 Thomas Friedman 的成名作，應推二十二年前（1999 年）出版的《The Lexus and the Olive Tree》，分析二十世紀末這一波的全球化，立論精闢，其後出版的五、六本書（包括《The world is flat》），都難超越。在該書中，述及晶片技術、壓縮技術等科技之進步，促成全球化，之後數位化（Digitalization）一詞也就不脛而走。然而二十一世紀以來，科技突飛猛進，倍蓰於前，數位優化（Optimization）都已不足，數位轉型（Digital Transformation）乃在雲端、AI、區塊鏈，乃至晚近的疫情加持下，成為眾所聚焦的顯學。

　　歷經 1997 年的金融危機，以及 2008 年的金融海嘯，人類意識到金融的良窳，牽動生活的福祉，政府不應消極採取 light touch 的態度。而另一方面 Fintech 的興起，使傳統金融業的門檻，不復高不可攀，在社會不同需求與思潮的角力下，乃有 Sandbox（沙盒）或試點的觀念產生，期待金融創新與風險管理能有所適當地妥協。這種新營運模式的需求，也促成金融數位轉型的良好環境。

　　吾友謝明華教授，對金融科技、風險管理、資訊工程均有專精，主持金融數位轉型極富經驗，此次領銜與學界碩彥，在資策會與政大共同策劃下，完成《金融數位轉型趨勢與成功方程式》一書，本書的特色，不是空泛論述或空喊口號，而是就國內外金融機構的實際案例，分門別類介述並討論其成功的經驗，技巧點出各種類型金融業在數位轉型時，

就技術面、經營面、法規面所遭逢的困難與挑戰，相信對業界乃至主管機關都具有示範性的意義。

　　細讀本書，可以發現作者群用心良苦，在諸多深入淺出的案例中，自然歸納出業者數位轉型的 Best Practice，以利有心者進行產業的擴散，本人有幸先睹為快，豈敢藏私，樂為之序。

陳冲

【推薦序 2】

金融科技浪潮下，金融數位轉型將決定誰是最後贏家！

　　金融科技已經開始快速改變世界，重塑全球金融服務業的面貌，也改變我們的生活。金融科技加速金融業的跨業合作發展，也創造新金融生態圈。在此浪潮下，金融數位轉型已成為企業成功必要條件，數位轉型不僅是單純的科技化，更是商業模式與經營策略的創新，這是一條漫長的路，充滿挑戰，包括組織、技術、人才的重整，必須設定目標分階段漸進，而數位轉型的廣度、深度與速度將決定誰是最後贏家。

　　本書從專業的金融業數位轉型基本知識出發，剖析全球重要關鍵趨勢議題，並針對國際與台灣知名企業，包括花旗、摩根大通、VISA、星展銀行、納斯達克、全球人壽、新光人壽、永豐銀行、玉山銀行、台新銀行等，進行數位轉型案例系統性剖析，內容深入淺出，讓讀者可以在最短時間內了解許多典範企業、領袖菁英的智慧與寶貴經驗，學習如何在數位轉型的過程中調整技術、研發、商業模式與經營策略，相信讀者一定能從此書中得到許多寶貴的新知與啟發。非常感謝商周出版本書，為台灣金融科技之發展與人才培育做最實質的貢獻，我非常推薦這本書，也希望這本書可以協助更多企業邁向成功數位轉型之路。

王儷玲

前金管會主委、國立政治大學金融科技研究中心主任

【推薦序 3】

以數位轉型提升產業競爭力

在新冠疫情的衝擊，中美角力持續，以及各類新興科技如物聯網、人工智慧（AI）、區塊鏈、雲端運算、大數據及邊際運算等技術不斷迅猛發展下，為了因應嚴峻的情勢，全球各產業紛紛尋求突圍之道，尤其是希望能透過數位科技的應用來進行企業的創新轉型，也就是所謂的數位轉型。

以台灣產業所面臨的形勢觀察，數位轉型的速度恐怕需要加快，才能因應現今環境的挑戰。不過數位轉型在實際落地上有諸多困難，以金融服務業為例，在技術面，新興科技的掌握與使用仍在累積經驗，但因金融業既有資訊系統相當複雜且強調安全，新科技的導入調適難度頗高；在經營面，如企業內部創新文化及心態的調整，以及對新夥伴的合作模式、新商務運作以及新資訊系統架構有更開放的態度等等，都需要進一步克服；法規面更是一道難以跨越的高牆，如何強化沙盒及創造更開放的環境是當務之急。

雖然有以上的困難，但是還是需要積極思考突圍之道。為了協助金融服務業進一步落實數位轉型，資策會產業情報研究所特別與政大數位金融創新實驗室合作，透過分析當前全球金融業的產業趨勢，解析數位轉型的基本觀念與方法，並介紹全球與台灣共 19 家金融業者的轉型成功案例，希望能夠提供台灣金融業者在數位轉型時重要且實用的參考資訊，不僅金融業者可以閱讀，所有對數位轉型有興趣的讀者也值得一看！

詹文男

數位轉型學院共同創辦人暨院長、台灣大學商學研究所兼任教授

目錄 Contents

PART 1　觀念篇
金融業數位轉型的基本知識 014

【前言】

打造金融業的數位轉型之路

　　自 2008 年全球金融海嘯後，成熟地區諸如歐美等國均見實體銀行分行數量的持續下滑，而開放銀行政策的大力推動，更有推波助瀾的效果。2019 年新冠肺炎疫情肆虐全球，除讓實體管道的經營雪上加霜之外，也加速了線上金融交易與行動管道的大幅成長。此外因為開放銀行政策或數位金融的推動，加上各項新興資通訊技術包括雲端、人工智慧及區塊鏈等逐步發展與成熟，以及為數不少非傳統金融領域的巨型科技公司（即 BigTech），正挾其自身資訊應用實力跨入金融服務，不但引進全新的發展模式，更打造異於傳統的遊戲規則，造成金融服務領域其競爭態勢形成根本性的改變。

　　因此，在金融經營環境內憂外患之際，舉凡業者乃至於主管機關更視數位轉型為擺脫泥淖、強化競爭的一帖良藥。本書所論及的數位轉型，是基於業者運用數位科技的三個階段來陳述：首先是「數位化」，亦即企業的經營都沒有採用相關的電腦系統或數位科技，為了提升效率，開始採用；第二階段則是「數位優化」，是在既有數位化與電腦化的基礎上，進一步改善組織活動中各項功能的營運效能，或提供更完善的顧客體驗；其三才是「數位轉型」，相比前兩階段僅強化效能，本處更聚焦在商業模式創新的實現。可見對於新興技術的驅動及數位轉型議題的發酵，不僅金融業者冀望能夠據此脫胎換骨之外，亦牽動產業競爭的結構改變，以及監理機關將面臨新的挑戰。

　　政大數位金融創新實驗室為政大商學院金融科技研究中心與資策會產業情報研究所（MIC）合作的實驗室，期以雙方厚實的學研能量及綿密的產業鏈結，為國內金融數位轉型盡一份心力。值此企業推動數位轉型熱潮之際，政大數位金融創新實驗室便規畫以專書方式，向社會大眾呈現當前金融領域發展趨勢與轉型案例。

　　本書以金融業數位轉型為主軸，首先以數個國際大型金融機構的數位轉型推動路徑與策略為切入點，解析各大業者如何憑藉各資通訊技術，強化其在數位營運、產品設計或通路管道乃至於顧客體驗的表現；接著回歸台灣市場，以傳統金融業者、金融科技新創公司及資訊協力夥伴三個主軸分別展現既有業者的轉型作為、新創公司的創新觀點以及資訊夥伴的助力選擇，從而描繪出近期台灣金融領域數位轉型發展的點滴與形貌，希望對於業者進行數位轉型時能有好的啟發與參考。

PART 1／觀念篇

金融業數位轉型的
基本知識

01
全球關鍵議題解析

實體金融機構面臨生存壓力

根據國際研究數據顯示，英國自 2015 年起，匯豐銀行共關閉超過 300 家分行，蘇格蘭皇家銀行（RBS）及英國勞合銀行集團（Lloyds Bank）則分別關閉近 200 家分行，至 2017 年分行削減達到最高峰，總計全英有 868 家分行關閉。以全歐洲來看，2008 年歐盟區尚有 23.8 萬家銀行分行，到 2018 年僅剩 17.4 萬家，10 年間減少 6.4 萬家；而新冠疫情肆虐加速瑞士信貸（Credit Suisse）、德國商業銀行（Commerzbank）削減分行速度。

另在大西洋彼岸的美國方面，僅 2017 年下半年，全美有超過 1,700 家銀行分行關門，包括美國銀行自 2009 年來陸續關閉或出售逾 1,500 家分行；而在 2012 年到 2017 年間，美國金融機構諸如 Capital One 縮減 32% 的分行、SunTrust 銀行減少 22%，以及 Regions 減少 12%。

無獨有偶，根據我國金管會統計數據顯示，國內銀行分行家數在 2014 年曾達到 3,462 家的最高峰，然隨著近年因網路銀行、行動銀行大量上線，加上民眾使用習慣的改變，至 2020 年底，持續下降至 3,401 家，顯見不論國內外的實體金融機構，均面臨相類似的生存壓力。

產業競爭結構改變

隨著各項新興技術的持續成熟，包括雲端、人工智慧及區塊鏈等新技術正在幫助企業提升所有方面的業務效率，包括：數位營運、產品設計與通路管道等面向。而企業透過數位化過程中所產生的數據量與類型不斷增加，亦為金融服務業者提供即時的市場洞察力，也為監管機構帶來新的挑戰。

最令人感到衝擊的，則是產業競爭關係與結構的根本改變。當各類新興資通訊技術逐步成熟，亦無形中降低了跨產業領域進入的障礙，或消弭了過往高聳的產業壁壘。金融領域當然也不例外，其競爭對手已經不僅僅是行業內業者，更多情況是其他產業的跨域進入者，而且這些對手往往是其他領域的巨頭公司、佼佼者。諸如此類公司挾其自身資訊應用實力跨入金融服務，不但引進全新的發展模式，更打造異於傳統的遊戲規則，造成金融服務領域其競爭態勢形成根本性的改變。

以國內純網銀的發展為例，包含：樂天國際商銀、連線商業銀行及將來銀行等均已獲得金管會核發的純網銀執照，且尤其股東結構不難發現，除傳統的銀行業者外，電信營運商、零售業者、保險、保全、甚至瓦斯業者等，透過合資入股或與金融機構合作方式參與金融服務市場競賽，根本性改變國內金融服務市場結構。

開放銀行持續增溫中

引領開放銀行議題之先的是近年受脫歐（Brexit）紛擾的英國，2014 年 6 月，英國政府委託開放資料研究院（Open Data Institute,

表1 大型科技公司提供之金融服務彙整

大型科技公司	主要業務	銀行	信貸	支付	眾籌	資產管理	保險
Google	網路搜尋/廣告	✓		✓			
Apple	科技/硬體生產			✓			
Facebook	社交媒體/廣告			✓			
Amazon	電商/網路零售		✓	✓	✓		✓
Alibaba (Ant Group)	電商/網路零售	✓	✓	✓	✓	✓	✓
Baidu (Du Xiaoman)	網路搜尋/廣告	✓	✓	✓	✓	✓	✓
JD.com (JD Digits)	電商/網路零售	✓	✓	✓	✓	✓	✓
Tencent	科技/遊戲與通訊	✓	✓	✓	✓	✓	✓
NTT Docomo	移動通訊	✓	✓	✓	✓		
Rakuten	電商/網路零售	✓		✓		✓	
Mercado Libre	電商/網路零售		✓	✓		✓	✓

資料來源：FSI，MIC 整理，2021

ODI）進行 API 與開放資料的關聯與影響研究，得到對銀行資料有效運用將增進銀行業競爭與消費者利益；隨後在 2015 年 9 月，英國財政部成立開放銀行工作小組（Open Banking Working Group, OBWG），發

圖1　全球開放銀行發展歷程

．2015年成立開放銀行工作小組(OBWG)，2016年發布開放銀行標準

．2018年英國競爭與市場委員會(CMA)發布開放銀行計畫，要求英國前九大銀行會(CMA9)透過開放API，提供給授權的第三方業者存取帳戶數據

．2017年美國消費者金融保護局(CFPB)提出消費者可存取、使用其數據與資訊之原則。同年國家自動清算協會(NACHA)組成API產業工作小組，訂定用於帳戶資源共享、支付使用與預防詐騙之開放API標準

．2017年金融廳發布銀行法修法草案，要求日本金融機構建立與FinTech公司連接的Open API機制，並公布合作方針及連接基準；並要求80間日本銀行在2020年前開放其API

．2019年啓動開放銀行第一階段，以非交易面金融資訊為主；2020年進入第二階段消費者資訊查詢

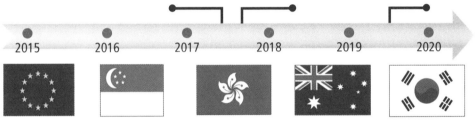

2015　　2016　　2017　　2018　　2019　　2020

．2015年發布新支付規範PSD2，要求銀行等支付機構向第三方開放用戶的帳戶及交易數據

．2016年新加坡金融管理局(MAS)聯合新加坡銀行協會(ABS)發布API指導手冊，引導境內金融機構開放數據

．2017年香港金融管理局(HKMA)發布開放介面準則框架，鼓勵銀行自行建立實施開放銀行

．2018年發布開放銀行調查建議，要求四大銀行在2019年7月前完成信用卡、儲蓄及交易帳戶數據開放，並最遲在2021年2月前所有銀行須完成貸款數據等開放

．2019年南韓金融服務委員會(FSC)宣布開放銀行正式啓動，允許用戶透過單一App進行多帳戶管理及存款支出與匯款作業

資料來源：MIC

布開放銀行標準（Open Banking Standard），作為創造、共用及使用開放銀行資料的指引，終於2018年起由包括匯豐銀行等九家金融機構率先開展實施。

　　歐盟在開放銀行的推動，始於2015年發布的新支付規範PSD2（Second Payment Services Directive），正式將新興的支付服務供應商

納入，制定開放帳戶規則，要求銀行必須將使用者帳戶、交易資料開放給客戶授權的協力廠商，並於 2018 年在歐盟各國完成立法上路。

在英國與歐盟對開放銀行的持續推展下，包括澳大利亞、香港、新加坡、南韓等國亦陸續加入開放銀行的推動行列，而我國則於 2019 年正式啟動開放銀行第一階段，以非交易面金融資訊為主，在不涉及消費者個人資料前提下，開放用戶透過單一 App 查詢多家銀行外幣匯率、信用卡產品及分行據點等資訊；推動至今，現已進入第二階段消費者資訊查詢，開放用戶申請產品資訊及帳戶資訊，如帳戶開戶、附屬業務申請、個人資料與帳戶資訊查詢等，一時之間國際上對於開放銀行的發展頗有燎原之勢。

合規議題躍居主流

2012 年美國金融監管機關以滙豐銀行涉嫌違反洗錢法規，處以 19 億美元裁罰；2014 年法國巴黎銀行同意支付 89 億美金以換取因違反洗錢規定的刑事不追訴；及 2016 年某國銀行因洗錢法遵問題遭罰 1.8 億美元，顯見自金融海嘯發生後，各國金融監管機關為避免歷史重演，在基於消費者保護與市場穩定原則下，陸續加強對銀行等金融機構的監管。

例如 BCG 提出，全球銀行自金融危機至 2016 年底間，因不當行為而付出的罰款與相關法律費用已經超過 3,000 億美元以上；而金融時報（Financial Times）認為 2017 年度，銀行業每年在法遵合規方面的成本支出約為 2,700 億美元，占企業營運支出的 10%；最後是 Thomson Reuters 於 2019 年表示，金融海嘯後監管措施持續增高，銀行的合規成本相較金融海嘯前增加約 60%，更為企業法遵科技（Regulation

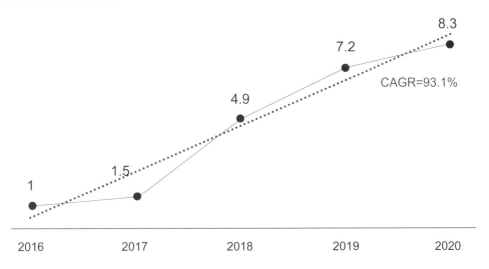

圖2　2016-2020 年全球法遵科技投資金融統計

8.3

7.2

CAGR=93.1%

4.9

1.5

1

2016　　2017　　2018　　2019　　2020

資料來源：RegTech Analyst，MIC 整理，2021

Technology, RegTech）的尋求與導入，打了一劑強心針。

　　反觀我國監理科技（Supervisory Technology, SupTech）與法遵科技的發展，起自2016年5月金管會公布的「金融科技發展策略白皮書」，指出法遵科技為透過新興技術的應用，協助受監管單位更好的落實法遵合規，與英國金融行為監理總署（FCA）所提的 RegTech 概念相同，均以協助受監管單位為目標。

　　在推動面向部分，以數位監理申報作為優先推動項目，並藉由監理科技黑客松活動的舉辦，廣泛徵詢監理與法遵解決方案，採主管機關出題，產官學創跨域合作解題方式，共同發掘創新技術方案，來解決監理與法遵方面的問題。總體推動目標，依據金管會發布之「金融科技發展路徑圖」，可看出監理科技聚焦實現監理作業的自動化、數位化及智慧化，而法遵科技著重協助金融機構持續導入新興科技的應用，以落實成本有效的法遵合規。

金融科技公司持續攻城掠地

金融科技（Financial Technology, FinTech）是當今獨角獸最盛行的領域，總體估值更占全球獨角獸的 22%。Accenture 的研究指出，2018 年全球對金融科技的投資有 54% 集中在亞太（Asia Pacific, APAC）地區，而光是中國就占了全球的 46%。截至 2020 年第二季，國外調研機構研究報告指出，全球金融科技獨角獸公司估值接近 2,500 億美元規模。

例如具有支付寶服務，但受到中國大陸官方強力介入監管的螞蟻集團，本預計於 2020 年同時向上海證券交易所與香港聯交所提交 IPO 上市，夠有望藉此從市場獲取 300 億美元的資金（上市前估值超過 2,000 億美元）。而同年 7 月，美國保險科技公司 Lemonade（LMND.US）成功 IPO，Lemonade 市值突破 30 億美元，這家於 2015 年創立的保險業者，透過 AI 聊天機器人建立純數位化的保險服務流程，加速消費者保險與理賠申辦程序，並消除仲介經紀等成本，降低保險費用，同時改變收費模式，採收取固定費用。

另回到我國金融科技的發展方面，在金管會的指導下，建立國內第一座「金融科技創新園區 FinTechSpace」，作為匯集國內、外金融科技產、官、學、研多方資源的交流合作實驗場域，提供金融科技新創業者（如：支付、借貸、區塊鏈、不動產、保險科技、身分認證、監管科技及資訊安全等）虛實共創環境，整合空間場域、輔導服務及金融科技開放 API 等資源，推動國內金融科技共創生態系。

02
數位轉型蔚為顯學

　　數位轉型（Digital Transformation, Digital Disruption, Digital Evolution）一詞的出現，可向上追溯至 2011 年業界開始談論企業數位化（Digitization）重要性為起點，當時包括科技顧問界、商業雜誌也開始運用不同名詞談論新技術對於商業破壞性。2016 年，世界經濟論壇（WEF）合作，發表「產業的數位轉型」（Digital Transformation of Industries），強調數位轉型對各國競爭力、產業經濟、企業發展的影響，使得數位轉型開始受到全世界各國政府的重視。

　　數位轉型此議題的受到關注，除重要機構屢屢發表關注言論或報告之外，亦看到不少數位型企業成功的掀起產業革命，或者實體企業轉型數位型企業而受到矚目，近期更因一場肆虐全球的新冠肺炎疫情而更加突顯。

　　資策會 MIC 認為應從拆解「數位」與「轉型」這兩個名詞著手，方可有更清晰的答案。所謂的「轉型」指的是「企業長期經營方向、營運模式及其相應的組織架構、資源配置方式的整體性改變。是企業重新塑造競爭優勢，轉變成新的企業型態的過程。」因此資策會 MIC 將「數位轉型」定義為「以數位科技大幅改變企業價值的創造與傳遞方式」，轉型的結果將展現於客戶體驗、營運流程、新產品／服務／市場、新商業模式、數位創新能力、數位資產的累積、數位的組織文化等改變。

那麼，該如何衡量企業數位轉型呢？資策會 MIC 根據企業轉型的內涵與方向，認為企業可以組織營運卓越（OE, organizational Operation Excellence）、完善顧客體驗（CX, improve Customer eXperience）、以及商業模式再造（BM, Business Model reengineering）三個構面來衡量（下頁圖 3）：

1. 組織營運卓越（簡稱：營運卓越，OE）係指「基於數位化能力，達成流程運作、工作支援以及營運決策的提升」。可以從價值活動、價值系統、生態系等三個方向來衡量企業運用數位能力於業務工作執行與支援、實現營運活動數位化，以及績效管理與決策制定之程度。

其中，價值活動指的是企業運作產生價值所需要的一系列活動，包含：採購、設計、生產、銷售、物流等一系列活動；價值系統主要衡量的是企業運用數位科技協助跨部門、上下游的整體營運效率的程度；而商業生態系係由 Moore（1993）提出，指出由一群相互連結的個體所組成，透過聯合共生建立傳統個別企業無法達到的競爭優勢。運用數位科技，企業可以建立平台聯結生態系或共同進行跨組織的決策。

2. 完善顧客體驗（簡稱：顧客體驗，CX）係指「基於數位化能力，增進對於顧客的接觸、認識、訊息掌握與拓展的能力與成效」。根據 Kalakota 和 Robinson（2001）的理論歸納，顧客關係管理是以顧客生命週期為主體，所涵蓋對顧客之獲取、增進與維持等階段的活動。本構面從顧客獲取、業務拓展、關係維繫等三個方向來衡量企業運用數位能力當前運用數位能力於顧客獲取、業務拓展與關係維繫之程度。

其中，顧客獲取階段是企業透過手段以贏得顧客，涵蓋對於顧客樣貌的理解、顧客需求的擷取以及對於顧客訊息情報的掌握等三要素。過去，獲取顧客的方式仰賴業務、行銷、客服人員對於顧客互動、顧客意見、銷售成果等主觀的理解與情報掌握。現今，透過大數據、人工智慧，

可以輔助企業更深度理解顧客需求，更能即時地分析顧客樣貌與產品喜好的變化；業務拓展階段係指企業傳遞產品／服務資訊、販售、提供服務管道，包括銷售通路、行銷管道等。過去，企業仰賴實體店面、業務員進行業務銷售與拓展。現今，企業可以運用數位科技，輔助業務員或者善用新的數位銷售通路，如：電子商務、智慧手機 APP 等，即是所謂多通路、全通路（omni-channel）或 O2O（online to offline）的銷售通路策略；至於關係維繫指的是企業對於後續服務支援的努力，用以維繫顧客忠誠，涵蓋顧客服務及售後支援。企業可以運用數位科技，可以協助客服人員、產品開發人員更瞭解顧客使用的滿意度以維持顧客忠誠。

　　3. 商業模式再造（簡稱：商模再造，BM）係指「基於數位化能力與數位資產，產生的新產品／新服務模式，所創造的新利潤空間與價

圖3　企業數位轉型構面

資料來源：MIC

值」。可以從企業採用數位工具或數位資產完成產品或服務開發、銷售，及發展新商業模式，進而創造新的商業利潤之程度來衡量。

其中，新產品／服務是企業採用資通訊技術或基於數位資產，發展出創新產品或創新服務，其為企業帶來商業利潤的程度；新通路是聚焦在企業採用資通訊技術，創造出嶄新的產品或服務傳遞管道，其為企業帶來商業利潤的程度；新市場，並非為地理區域差別所指的新市場，而是指對於企業而言，嶄新的藍海市場，主要目的在衡量企業利用其數位能力，創造新客群，開拓出全新的市場，而為企業帶來商業利潤的程度；至於新商業模式則是強調企業採用資通訊技術或基於數位資產，發展出創新的營收模型，為企業帶來商業利潤的程度。

本文後續探討企業案例時，亦會根據 MIC 所提之企業數位轉型構面陳述之。

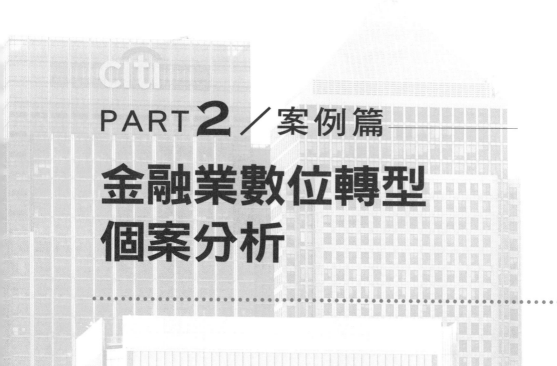

PART **2** ／案例篇

金融業數位轉型
個案分析

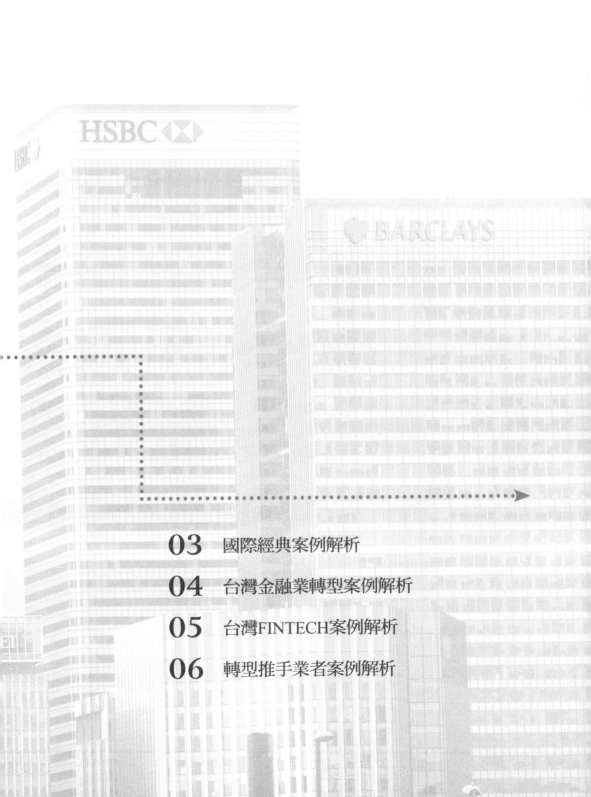

03
國際經典案例解析

　　雖然金融科技的定義與範疇直至 2015 年方由世界經濟論壇所賦予，然而，科技為金融產業所帶來的變革，興許應追溯到更久遠的網際網路興起，市場上開始出現了信用卡、提款機，以及金融機構運作無紙化等應用的時間點。

　　一般上認定變革的風潮首先吹向了歐美等國家，隨後發跡於歐美的傳統金融機構歷經成功的改革後，始成為世界其他國家群起效尤的典範。

　　迄今，創立於歐美的傳統金融翹楚們持續在創新服務應用中，透過其前瞻性之思維與技術導入，引領同業於轉型的道路上馳騁。本章節將著墨在致力於解決跨境支付問題的 JP Morgan 與 VISA、圍繞著「嵌入式」提供創新體驗的花旗銀行與星展銀行，以及持續尋求外部動能以落實轉型目的 NASDAQ 證交所。

表2 各案例數位轉型架構應用

	客戶體驗	營運卓越	商模再造
花旗銀行	✓		
JP Morgan	✓		✓
VISA	✓		
星展銀行	✓		✓
NASDAQ	✓	✓	✓

資料來源：MIC，2021

1. 建構連結平台的數位轉型：
花旗銀行透過 API 金融連結平台進行數位轉型

企業發展概況

花旗銀行於 1955 年由紐約花旗銀行與紐約第一國民銀行合併而成，1976 年 3 月 1 日改為現名。

花旗針對大型企業、跨國企業、中小企業、金融同業以及外資等不同客戶的需求，提供全方位與跨國界的服務與解決方案，以及跨國界的產品，主要的業務範圍包括外匯交易、承銷、融資、環球交易服務、全方位財務顧問等。在消費金融方面，花旗持續引進創新產品及豐富的資源，讓客戶享受到最佳金融理財服務；包括推出「財富管理銀行」、智慧銀行、花旗行動生活家 App」、「聲紋辨識」客服中心。

花旗銀行於 1964 年在台灣成立辦事處，隔年成立台北分行，業務範圍涵蓋企業金融、投資銀行、消費金融等領域。2007 年花旗購併華僑銀行，並正式成立花旗（台灣）商業銀行。

數位轉型主軸

花旗銀行的數位轉型著重在提供其企業或消費客戶無縫隙的金融服務。花旗銀行在 2018 年推出 CitiConnect API 的連結平台，將傳統與企業客戶財務部門、銀行部門服務，轉而連結企業數位、IT 部門。透過系統直接連線，讓企業客戶能快速地串接內部系統進行財務結算、營運資金管理，並能發展更快速的電子商務服務。

為數位時代而生的 APIs

CitiConnect API 可以以支持即時的銀行服務，例如付款、接收匯率資訊、匯款數據以及付款證明和帳戶對賬單。CitiConnect API 可以支持全球 90 多個國家／地區財務和貿易解決方案，並且為全球每個地區客戶處理超過 1.4 億個 API 調用。通過使用 API，客戶可以即時從一個或多個銀行直接在其內部系統中發送和接收數據，且支援 Xero 等小型企業會計系統到 SAP 和 Oracle 等大型 ERP 的連結。對於那些處理大量託收的企業來說，即時數據對營運資金和流動性管理產生重大影響，並可以動態進行對帳和科目過帳，進而創建即時流動性和風險的視角，讓企業客戶可以放寬信用額度，並與其客戶開展更多業務。

為電子商務而生的 APIs

CitiConnect API 讓許多依賴電子商務平台的企業可以容易地進行支付連結，串聯供應商與消費者。例如：Amazon、阿里巴巴等電商平台或共享平台（Uber、Cabify、AirBNB）、食物外送平台、媒體服務訂閱（如：Spotify）等。這些平台需要即時快速的付款服務與銀行清帳等服務，滿足消費者、供應商、平台、刷卡銀行、清帳銀行等各個生態系成

員。

支援產業的 APIs

　　CitiConnect API 也支援一般的產業。許多產業的公司在 B2B、B2C 電商時代來臨，均可能會直接去面對終端消費客戶，而非只面對配銷商或中介商。例如：過去存貨放在倉庫中，然後送去零售店。現在由於終端消費者要求的快速達交與配送，使得業者必須快速地確認付款狀況，直接送交終端消費者。有些線上運營媒體服務，如：付費電視也要能快速地確認付款，然後立即給予媒體服務。電子商務時代的來臨，花旗銀行利用 CitiConnect API 提供各行業快速地因應付款服務，滿足終端消費客戶需求。

人工智慧服務

　　除了 API 連結外，花旗銀行也積極發展數據分析、人工智慧服務。例如：新加坡花旗銀行利用消費者信用卡交易記錄加以分析，適時提供消費者相關商家或餐廳的優惠訊息。花旗銀行也利用人工智慧，協助企業快速配對支票，減少企業財務對帳時間。

可借鏡之處

掌握電子商務即時連結、數據分析趨勢

　　花旗銀行發展的 CitiConnect API 以及其他數據分析、人工智慧乃至於數位錢包等，均是著眼於現在電子商務、數位支付的趨勢。花旗銀行面對消費金融、企業金融業務，發展了 CitiConnect API 服務，滿足消費者期待能夠快速付款確認而購買商品、電商平台能即時的與供應商

圖4 花旗銀行的數位轉型主軸

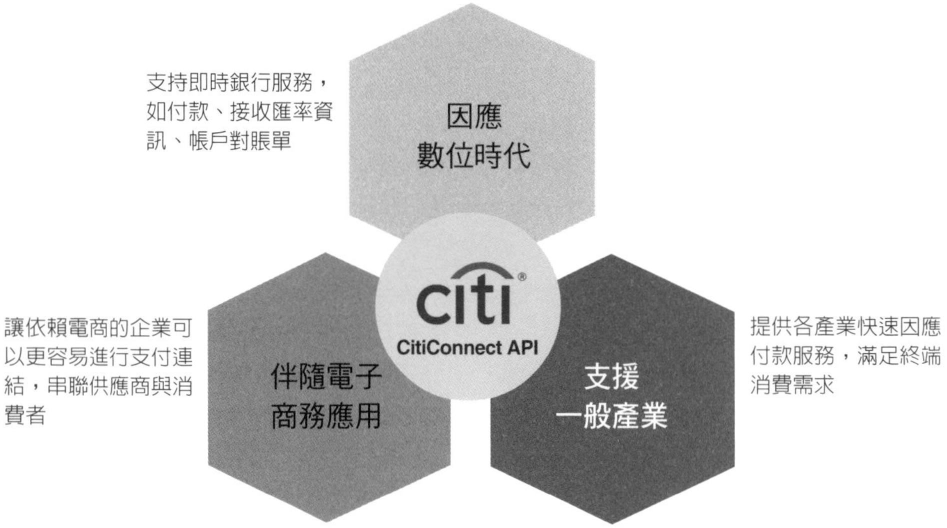

支持即時銀行服務，如付款、接收匯率資訊、帳戶對賬單

因應數位時代

citi®
CitiConnect API

讓依賴電商的企業可以更容易進行支付連結，串聯供應商與消費者

伴隨電子商務應用

支援一般產業

提供各產業快速因應付款服務，滿足終端消費需求

資料來源：花旗銀行，MIC 整理，2021

/ 消費者 / 配送商等進行金流服務串接、企業能夠快速地進行系統介接等。基於 CitiConnect API 平台發展，花旗銀行亦陸續發展相關數據分析服務，滿足消費者、電商平台最需要的個人化商品即時推薦或企業收款配對等。

API 平台作為建立生態系中介策略

　　花旗銀行在數位轉型的策略上，CitiConnect API 平台不僅僅是提供消費者、企業等快速或即時的付款、金流服務而已。花旗銀行的策略是利用 CitiConnect API 平台扮演整合消費者、供應商、物流商、倉儲業者、電子商務平台、共享服務業者等中介的角色。花旗銀行深知其具有大量的消費、企業兩端的客戶，藉由平台可以強化既有優勢，並建立起平台，以串聯數位電商時代更多的生態系。對花旗銀行而言，平台 API

不僅提供顧客體驗策略、亦是發展新平台的數位產品服務。藉由這樣的平台，串起更多生態系，並期待可在其平台上販售更多的數據分析服務。

2. 發展區塊鏈平台的數位轉型：
摩根大通透過區塊鏈進行數位轉型

企業發展概況

摩根大通集團（JPMorgan Chase），財經界稱「小摩、摩通」，總部位於美國紐約市，2000 年由大通曼哈頓銀行及 J.P. 摩根公司合併而成。2011 年，摩根大通的資產規模超越美國銀行成為美國最大的金融服務機構。

摩根大通的業務遍及 50 多個國家，包括投資銀行、金融交易處理、投資管理、商業金融服務、私人銀行服務等。投資銀行包含兼併收購顧問、證券承銷、證券銷售與交易、企業融資等；其他業務則包含信用卡、商業銀行、投資管理、私人銀行、私人財務管理等。

數位轉型主軸

摩根大通的數位轉型主要將焦點放在全球大宗金融付款的跨國交易問題，提升效率、減少錯誤並能節省數億元的成本。在跨國交易上，透過複雜的全球銀行交易網路，常會因為帳戶資訊錯誤或其他問題而被拒絕。摩根大通就是其中一個交易成員，每一天管理 6 兆美元的金額流動於全球 100 個以上國家。因此，摩根大通思考是否能夠在跨國交易前就能夠確認帳戶資訊的正確、合規的格式等，再開始進行交易，減少拒絕

帶來的成本。2017 年開始，摩根大通開始利用區塊鏈技術發展大宗金融付款的跨國交易網路，以減少交易間不必要的錯誤與成本。

Interbank Information Network

2018 年，摩根大通發展 IIN（Interbank Information Network，銀行間訊息網路），利用區塊鏈技術發展的可擴展、P2P 對等訊息交換網路。IIN 的目的在於解決銀行間資訊共享問題，減少跨境支付過程中的資訊錯誤或合規問題，如：「黑名單過濾查詢」、「確認正確帳戶」或「款項因合規原因被擱置」等，減少多方查詢、複雜性地交換訊息。

2020 年 IIN 改名為 Linnk，已經有超過 78 個國家、400 家金融機構加入交換體系。例如：在日本就相當受歡迎。國際上經常批評日本政府在「反洗錢、打擊資恐」方面的對策過於寬鬆；過去就有調查結果顯示，日本在 2018 年的洗錢案件數量較 2017 年上升 40% 至 511 件，為 2000 年以來首次超越 500 件。肇因於日本地理環境特性，常有許多中小企業進行海外交易，因此容易被犯罪集團盯上，成為掩蓋非法獲利的溫床。透過 IIN 可以很快速地進行黑名單過濾，減少洗錢的疑慮。

目前已有 80 多家日本銀行「表示有意願加入 IIN」。意味著，加入 IIN 項目的 365 家金融機構當中，以日本機構居多。

JPM Coin

2019 年初，摩根大通利用區塊鏈技術，創建了 JPM Coin 數位代幣，欲實現銀行支付業務客戶之間的即時交易結算、加速企業之間的支付。希望可以快速進行企業跨國電匯、發行證券的即時清算。JPM Coin 的實際使用方法是，企業將現金存入銀行以換取數位代幣，並可以透分布式帳本進行轉帳；轉帳後，收款人可以從摩根大通兌換代幣。

進一步,可以將其贖回等值的美元。JPM Coin 目前與美元掛鉤,預計會慢慢發展出其他法定貨幣的等值互換。JPM Coin 數位代幣的目的僅僅是作為交易清算前的快速交換,並不作為取代各國流通的貨幣。

Quorum 區塊鏈技術

摩根大通於 2017 年初推出 Quorum 區塊鏈技術。該技術是以太坊區塊鏈的私有本版,並通過零知識證明為區塊鏈增加了強大的隱私保護特性,目前是企業區塊鏈三大標準框架之一。在 2019 年,摩根大通和微軟合作,讓 Quorum 吸引更多的新客戶。與此同時,摩根大通和微軟的工程師也合作簡化 Quorum 節點的部署。2020 年,Quorum 區塊鏈平台由 ConsenSys 公司收購,同時摩根大通也對 ConsenSys 進行投資。2020 年,摩根大通成立 Onyx 公司來管理所有區塊鏈計畫。

Quorum 區塊鏈技術除了提供摩根大通自有的 INN、JPM Coin 外,也提供能源商品交易平台 Vakt、貿易融資區塊鏈 Komgo、奢侈集團 LVMH 的溯源區塊鏈系統。能源商品交易平台 Vakt 基於 Quorum 區塊鏈技術,目前已經向 BFOET 原油參與者推出。Vakt 平台於 2018 年 11 月與英國石油公司、殼牌公司和春秋石油公司合作推出,為所有能源可交易商品提供交易後處理平台。能源巨頭 BP,Equinor,Shell,Gunvor 和 Mercuria 都將作為這一平臺的首批用戶參與其中,這些公司將把區塊鏈工具與現有系統配合使用,該平台的目標是從石油業擴展到「所有實際交易的能源商品」。

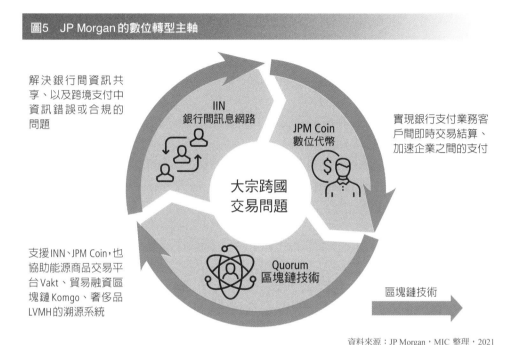

圖5　JP Morgan 的數位轉型主軸

解決銀行間資訊共享、以及跨境支付中資訊錯誤或合規的問題

IIN
銀行間訊息網路

JPM Coin
數位代幣

大宗跨國
交易問題

實現銀行支付業務客戶間即時交易結算、加速企業之間的支付

支援INN、JPM Coin，也協助能源商品交易平台Vakt、貿易融資區塊鏈Komgo、奢侈品LVMH的溯源系統

Quorum
區塊鏈技術

區塊鏈技術

資料來源：JP Morgan，MIC 整理，2021

可借鏡之處

從自身業務困難點，思考數位科技解決方式

　　摩根大通數位轉型的發展來自於本身進行各種跨境交易遭遇到的問題，進一步發展以 Quorum 區塊鏈技術為基礎的應用，諸如：INN、JPM Coin 等。從自身業務為出發點，可以透過自己的經驗，特別是摩根大通是每天有大量的跨境交易作業，以磨練區塊鏈技術的可行性以及改進之處。摩根大通就在 INN 中，發展帳戶資訊查詢、合規資訊確認、黑名單過濾等應用，滿足其他客戶的需求。以此，累積了 400 多個機構加入體系，減少跨境交易的複雜性。摩根大通對於區塊鏈的技術投資亦是持續地發展，儘管有時候看不到效益而停擺；然而，最後以成立一家公司的方式來專責區塊鏈的技術。這也可以提供數位轉型參考，新興科

技發展是否由一個獨立的子公司運行，除了可以專注在新科技投資外，也可以避免公司業務衝突或者喪失中立性的跨產業角色。

擴大生態系以建立平台影響力

　　區塊鏈的應用本來就是需要跨不同公司的分散式帳本交易的運作。因此，摩根大通發展區塊鏈技術，勢必會開始扮演平台營運的角色。就平台營運來看，必須不斷地擴大生態系，滿足多種生態系的價值，才會讓平台更有力量，以吸引更多夥伴加入。因此摩根大通 Quorum 區塊鏈技術亦擴展至提供能源商品交易平台 Vakt、貿易融資區塊鏈 Komgo、奢侈集團 LVMH 溯源等各種領域。摩根大通很清楚的將 Quorum 區塊鏈技術以及其最初發展的 IIN 銀行間訊息網路應用區分開來，讓其區塊鏈技術可以擴展到不同的領域。以此，其 Quorum 區塊鏈技術可以成為第三大影響力區塊鏈，並由 ConsenSys 公司收購，更能保持中立與技術專業的角色。

3. 隱而不顯的數位轉型：
星展銀行透過「嵌入式」場景金融進行數位轉型

企業發展概況

　　星展銀行原名新加坡發展銀行，由新加坡政府成立於 1968 年，後為因應國際趨勢發展於 2003 年更名星展銀行，提供包括企業金融、消費金融與財富管理等金融服務。

　　發展迄今 50 多年以來，星展銀行於全球擁有超過 280 間分行、且為新加坡與東南亞資產總額最高的銀行；並陸續於 2018 年起榮獲《歐

元》、《銀行家》與《環球金融》等機構頒發全球最佳銀行獎，肯定星展銀行於銀行數位轉型等層面之成就。

2008 年 2 月，星展集團接管台灣寶華商業銀行，寶華商業銀行於同年 5 月更名星展（台灣）銀行，星展正式成為我國外資銀行。

數位轉型主軸

星展銀行（下稱星展銀）的數位轉型起點，除了可追溯至 2009 年現任 CEO Piyush Gupta 接任以來大力投資 IT 基礎建設以外，星展銀的目標客群—即亞洲市場的數位銀行服務使用者人數激增、以及意識到年輕世代對於手機的依存將是未來趨勢等種種因素，也間接促進星展銀踏上轉型之旅。

為了避免 Bill Gates 所云之「人們需要金融服務，而非銀行（People needs banking, but not banks）」預言成真，星展銀圍繞著客戶體驗，透過 API 串接打造獨一無二的「嵌入式」場景金融。

「嵌入式」場景金融

2015 年起，星展銀攜手科技大廠 IBM 進行 API 建置，陸續開放不同產業夥伴加入以壯大自有生態圈。迄今不論出國旅遊、房產購置等日常需求在新加坡當地都不再需要登入 Expedia、PropertyGuru（東南亞最大的房地產網站）的帳戶—登入星展銀行官網，即可直接受益於銀行與旅遊業者、房地產網站的 API 對接進行行程預定與房貸額度查詢。此外，超過 155 支 API 建置的受益者也不僅限於知名產業大廠，如果曾經有過需要使用現金、附近卻找不到 ATM 的經驗，新創 soCash 提供消費者在當地便利商店或公車站進行提款的服務；在年長者照護上，社會企

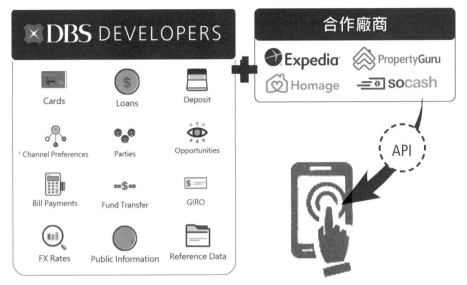

圖6 星展銀的數位轉型核心策略

資料來源：星展銀行，MIC 整理，2021

業導向的新創 Homeage 提出透過星展銀信用卡的消費紅利點數換取 Homeage 居家照護服務的解決方案。

透過 API 形塑「嵌入式」的場景金融，並且不斷的擴張合作對象；星展銀看似單純在擴張異業結盟，實為劍指培養消費者習慣──要讓消費者在獲取這些產品或服務時，無意識、並且習慣性地採取星展銀行的金流服務。

可借鏡之處

以生活場景串接金融服務為大勢所趨

在金融科技的浪潮下，形塑「生態圈」已然成為顯學。但是生態圈的要素為何、應如何形塑乃為一大哉問。若將日常生活中與之互動較為

頻繁的食衣住行育樂視為一生活圈、相對互動較為低頻的金融服務定義為另一生活圈；展望未來的金融產業，誰能在前述的六大生活場景中提供消費者必要的、有感的、易用的金流服務，將是未來產業中的最大贏家。

消費者期待未來的金融服務「有感」亦「無感」

小至購買一份麥當勞套餐、大致查詢購置房產的相關資訊多與金流、資訊流與服務流無法脫勾。知名管顧公司 McKinsey 曾推估 2020 年亞洲地區的數位銀行服務使用者人數將來到 17 億，作為亞洲市場一方霸主的星展銀將多數新加坡人日常所需的服務透過 API 串接整合三大要素，讓消費者得以在星展銀官網或手機介面上「一站式」取得，不必在各類型公司官網間轉換，大幅提升消費者體驗。畢竟對於消費者而言，除了「支付商品本身價錢」所帶來的金錢成本以外，若有一個類似超商的平台可以一次性減免「搜尋商品資訊」的無形時間成本，興許才是顧客體驗優化的極致。

曾有人說科技巨擘（Bigtech）將顛覆龐大且不易改變的傳統金融產業，而眼下所處的時代儼然從過去的「大魚吃小魚」走向「快魚吃慢魚」。作為少數快速反應科技變革並做出因應的星展銀（DBS Bank Limited）而言，未來可能成為的「新加坡數位銀行（DBS，Digital Bank of Singapore）」在新加坡、乃至東南亞一帶號令業界江山的時刻也許指日可待。

4. 區塊鏈跨境支付平台的數位轉型：
VISA 透過區塊鏈跨境支付進行數位轉型

企業發展概況

　　Visa 公司為一總部位於美國加州的跨國金融服務公司。Visa 通過 Visa 品牌的信用卡和 Debit 金融卡促進全球的電子資金轉帳。VISA 為全球各地的金融機構提供 Visa 品牌的支付產品，並讓它們向客戶提供信用卡、Debit 金融卡、預付卡和現金服務。迄今，Visa 的全球網絡處理金額已突破 6.8 兆美元與 1,000 億的交易次數。

數位轉型主軸

　　VISA 的數位轉型主要將焦點放在跨境支付問題。在進行跨境支付時，通常需要經過多個不同國家的中間金融機構進行認證，浪費時間以及手續費成本。VISA 思考建立一個跨境支付的平台，讓金融機構間可以直接進行支付處理，提高效率與透明度。如此一來，顧客可以節省處理時間，讓交易銀行直接雙方溝通，除了可以預測手續費多寡，也可以更加透明化各運作環節，並且避免信用卡資訊傳遞多個機構之間，提高隱私保護。

Visa B2B Connect

　　VISA 的電子支付網絡 VisaNet，每秒可處理超過 65,000 筆交易，過去 60 多年已經累積了處理大型交易的深厚能力。2019 年 VISA 推出

Visa B2B Connect，可以做到將企業間的交易，直接從 VISA 轉向企業的受款行，去除企業跨境交易中間行，將跨境付款的成本效率化繁為簡。

Visa B2B Connect 系統運用了部分區塊鏈技術，為金融機構提供的數位身份解決方案，並以更快、更低運營成本處理全球跨境支付，並且使用 Hyperledger Fabric 的企業區塊鏈框架。Hyperledger 是由 IBM、Intel、Cisco 等巨頭聯合開發的一個聯盟鏈架構。一般來說，小型銀行通常會藉由中介銀行進行跨境付款，這將導致處理過程更緩慢與複雜。Visa B2B Connect 就是提供一個替代方案，藉由將企業間的交易直接從 Visa 轉向該企業的收款行，進而簡化跨界付款的繁雜程序。

VISA Developer

Visa B2B Connect 的發展是 API 優先策略。參與的夥伴可以利用 Visa B2B Connect API 進行連結。開發者則可以利用 Visa Developer 平台，讓參與機構開發人員能夠瀏覽各種可用的 API，以及各種 Visa 數位支付技術的說明文件，還可於 Visa Developer 的沙盒環境中測試應用程式。存取和測試都是免費的，但若實際使用這些 API 則必須付費。Visa Developer 現已提供逾 150 種的應用程式介面（API），主要分為支付方法、一般服務及風險暨詐騙管理等三大類。Visa Developer 提供許多 API、工具和支援，幫助夥伴打造更輕鬆、更快速、更安全的應用，進而改變與合作夥伴連結的方式。

Visa Token Service

為推動支付安全，Visa 推出 Visa Token Service，在全球發行逾十億個代碼（Token）。Visa 代碼服務採用一組安全代碼替代持卡人的 16

位數 Visa 帳戶號碼，以防騙徒竊取，藉以保護持卡人的帳戶。Visa Token Service 是行動支付背後的一大推手，沒有它 Apple Pay 無法在全球落地使用。代碼化就是讓敏感的數據變得不敏感。簡單來說，就是以獨特的數位代碼（token）取代真實的 16 碼卡號，如此一來在支付過程就能降低持卡人敏感的帳戶資訊暴露風險，當卡片遺失、遭竊或過期，發卡機構能立即更新帳戶資訊。

加密貨幣簽帳金融卡 Coinbase

VISA 在 2019 年與 Coinbase 合作，在英國發行了全球第一張加密貨幣簽帳卡 Coinbase Card，Coinbase Card 已在全球 29 個國家發行，支援 10 種加密貨幣，且已有數百萬個商家接受 Coinbase Card。用戶可先下載 Coinbase Card 行動程式，連結自己的 Coinbase 帳號與錢包之後，就能立即以該行動程式進行交易，之後即會收到實體的卡片。儘管

圖7 VISA的數位轉型主軸

Visa B2B Connect 將企業間跨境付款的成本與效率化繁為簡

Visa Developer 提供開發人員可用 API、支付技術的說明文件，以及可測試應用程式的沙盒環境

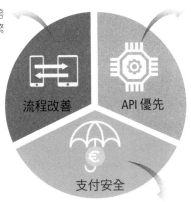

流程改善

API 優先

支付安全

Visa Token Service 採安全代碼替代 16 位數 Visa 帳戶號碼，提升支付安全

資料來源：VISA，MIC 整理，2021

Coinbase Card 目前只在英國發行，但它可同時在網路上與實體商店交易，並選擇以比特幣、以太幣、萊特幣或其它加密貨幣支付，或者是直接將加密貨幣兌換成英鎊來完成交易，也能自 ATM 提領現金。

可借鏡之處

從生態系各點需求，思考數位科技解決方式

VISA 電子支付網絡 VisaNet 本身即是一個整合多個金融生態系的網路平台。面對長久以來存在於網路平台中的跨境支付問題，VISA 思考如何能協助使用信用卡的消費者提高跨境支付效率、減少手續費等為出發點，發展 Visa B2B Connect，滿足顧客需求。VISA 也了解愈來愈多的創新支付應用正在蓬勃發展。以此，Visa B2B Connect 透過 Visa Developer 平台，提供夥伴機構各種 API、開發工具，以協助發展各種支付應用，滿足夥伴創新。此外，VISA 也發展 Visa Token Service，以因應行動支付的安全性；Coinbase Card 加密貨幣金融卡，滿足商家、消費者的金融卡使用安全等。VISA 持續從其原本 VisaNet 的生態系，發展各項新創應用或提供支持新創發展的開發平台環境。

安全與信任是金融核心價值

VISA 在各項數位轉型的發展上，以區塊鏈、支付安全、加密貨幣等安全、信任等為核心主軸。VISA 了解儘管商務多元化、支付多樣化，然而其核心都脫離不了安全、信任的重要因素。以此，VISA 圍繞著支付的行動端、跨境支付後端等，利用區塊鏈、支付安全、加密貨幣等技術，建立可靠的應用基礎。基於這樣的基礎，VISA 可以發展行動支付、手環支付、NFC 無接觸應用等應用基礎架構，並提供夥伴基於應用基

礎之上，透過 API 發展各項金融創新應用。VISA 認為自己並不是商業公司而是技術公司，提供各項金融創新的基礎技術架構給予合作的金融機構、商家、金融新創業者等。

5. 兼容並蓄的數位轉型：
納斯達克透過購併持續強化其技術動能

企業發展概況

納斯達克股票交易所（National Association of Securities Dealers Automated Quotations，取字首稱 NASDAQ）為美國的電子股票交易所；與 S&P 500、道瓊指數同為美國最重要的股票指數。

NASDAQ 成立於 1971 年紐約，為全球第一個電子股票交易所。迄今已有超過 4,000 間公司於 NASDAQ 掛牌上市，其中包括 Apple、Google 等科技巨擘；同時，NASDAQ 亦致力於全球化，目前於全球擁有約 40 個辦公室。

作為一科技驅動的服務平台，NASDAQ 先是於 2008 年併購 OMX 集團、並於 2018 年與保險科技公司 Extraordinary Re 展開策略合作以強化其技術動能。

數位轉型主軸

NASDAQ 最初為美國證券交易商協會所創立，卻不受限於其公法人的色彩，積極透過技術與服務創新，於 2002 年首次透過公開募資轉型為上市公司。

繼成為上市公司後，NASDAQ 持續因應趨勢調整其業務，迄今催生出包括 Apple、Amazon 等科技巨擘。有別於部分金融機構或解決方案提供者以內部自主研發等有機式成長的方法來驅動轉型，NASDAQ 的策略主軸顯得獨樹一幟：非有機式的購併與尋求外部合作。

非有機式的購併

2007 年 3 月，NASDAQ 以高達 40 億美元併購瑞典 OMX 集團。OMX 集團前身為瑞典的一間證券交易所，自 1998 年收購斯德哥爾摩證券交易所到同意 NASDAQ 的收購以前，OMX 集團持續以併購形式將泰半的北歐股票證券市場納入集團版圖。NASDAQ 於併購 OMX 後，除了將企業版圖擴張至歐洲市場，同時取得 OMX 的證券交易與票據清算的軟體系統——此為 NASDAQ 繼成為全球第一個電子股票交易所後，再次擴張其技術藍圖的里程碑。然而，NASDAQ 的獠牙並不止步於此。

2019 年 9 月，NASDAQ 併購瑞典金融服務提供商 Cinnober，外界評論 NASDAQ 劍指數位貨幣交易所之心昭然若揭。早在當年 4 月 NASDAQ 就曾公開表示對數位加密貨幣交易所的意向，透過併購具備加密貨幣託管服務的 Cinnober，NASDAQ 正打造邁向加密貨幣市場的基礎設施。

尋求外部合作

除了藉由類似品牌授權的方式與香港證交所共同於 2020 年 7 月推出恆生科技指數，意識到數位化對交易市場的潛在衝擊，NASDAQ 亦積極擁抱創新，於 2020 年 4 月與區塊鏈軟體公司 R3 合作。藉由將自有的金融框架（Nasdaq Financial Framework）與 R3 的分散式帳本技術

整合，協助機構發行代幣並建立數位資產市場，提供發行、交易、結算與託管等「生命週期」的服務支援。

　　就金融產業的角度而言，NASDAQ 不僅著眼於證券與股票交易，也在 2018 年與保險科技公司 Extraordinary Re 展開合作；企圖於尚未繁榮卻具有龐大商機的再保險市場搶先布局。

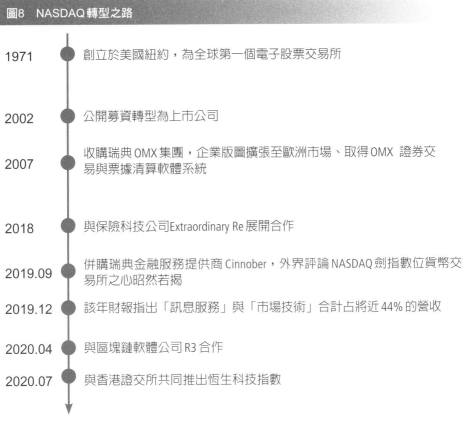

圖8　NASDAQ 轉型之路

年份	說明
1971	創立於美國紐約，為全球第一個電子股票交易所
2002	公開募資轉型為上市公司
2007	收購瑞典 OMX 集團，企業版圖擴張至歐洲市場、取得 OMX 證券交易與票據清算軟體系統
2018	與保險科技公司 Extraordinary Re 展開合作
2019.09	併購瑞典金融服務提供商 Cinnober，外界評論 NASDAQ 劍指數位貨幣交易所之心昭然若揭
2019.12	該年財報指出「訊息服務」與「市場技術」合計占將近 44% 的營收
2020.04	與區塊鏈軟體公司 R3 合作
2020.07	與香港證交所共同推出恆生科技指數

資料來源：NASDAQ，MIC 整理，2021

可借鏡之處

展望長期並擁抱創新方能長久發展

從技術面來看，由最初首推電子股票交易服務、併購 OMX 集團後取得交易軟體系統，可知 NASDAQ 對於創新技術的開放與真知灼見。如今 NASDAQ 意在區塊鏈應用，再次成為非常少數具有國際性話語權並認同數位資產發展的交易所。

曾有產業人士論及，在數位化與科技化的浪潮推動下，金融產業應著眼於五到十年後的產業樣態進行布局；而 NASDAQ 已經走得更遠。

非有機式併購亦為數位轉型解方

相對於國內金融機構的轉型或技術創新多採金控本位為主，自行創設實驗室或辦公室進行推動；或是國際大廠採策略投資或加速器的形式與新創協作，NASDAQ 另闢蹊徑的直接併購其他公司以獲取企業轉型所需的技術、並利基於夯實過的能力提供其他金融同業解決方案。

非有機式成長一般相對於有機式成長來的快速，但仍需考量併購目的、合併綜效與主管機關規範等因素。過去國內不乏大型金融業者透過併購以擴張海外版圖，然而在數位轉型或金融科技的議題上仍以金控主導的「有機式」見報；若有合適的標的與規劃，「非有機式」的選項也許是推動數位轉型的另一解方，值得我國產業界與主管機關酌參。

金融服務業者與解決方案提供者的兼容並蓄

由 2019 年 NASDAQ 的財報中，可見其高達 25 億美元的營收中除了類似傳統證交所提供之「市場服務」、「公司服務」各占比 36% 與 19.6%，其餘包括透過演算法提供客戶市場決策建議的「訊息服務」，

與提供金融機構解決方案的「市場技術」合計占將近 44% 的營收。換言之，NASDAQ 既擁有傳統金融機構的性質與沿革、也成功發展出近乎科技業者的技術供應能力，這種兼容並蓄的樣態也許亦是數位轉型的另一種極致。

04
台灣金融業轉型案例解析

　　2020 年疫情肆虐下，全球金融科技投資趨勢在上半年趨緩，卻在下半年有所扭轉，來到 719 億美元——遠超出上半年總額 334 億美元的一倍，大抵可推測企業逐漸理解科技化與數位化的重要性，並開始探索如何於新常態下經營業務。

　　台灣雖然顯見金融科技相關的大型併購或私募基金案件，然而遠在疫情爆發以前，國內大型傳統金融機構（主要包括銀行、保險與證券）便已意識到外部環境的變遷、並因應各自的產業特性展開轉型大業。根據金管會公開資訊指出，2019 年國內金融業者投入金融科技發展總額達 165.2 億元，預估 2020 年投入金額達 188.8 億元，預計年成長率約14.30%。

　　企業要投入數位轉型所需考量的因素是複雜的，但大致上可由審視外部環境變化與盤點內部資源觀之。本章節將聚焦於新光人壽、台新銀行與永豐證券如何因應數位原住民逐漸將成為終端消費市場主力，各自著力於整合通訊軟體提供金融服務的通路創新、以及打造全新子品牌說「年輕世代的話」展開超前部署；並同時探討全球人壽與玉山銀行自基礎建設優化的視角出發，現正致力於優化核心系統與攜手外部資訊廠商，且待於轉型之戰中各顯神通。

表3 各案例數位轉型架構應用

	客戶體驗	營運卓越	商模再造
全球人壽	✓	✓	
新光人壽	✓	✓	✓
永豐金證券	✓	✓	
玉山銀行	✓		
台新銀行	✓		

資料來源：MIC，2021

1. 不露鋒芒的數位轉型：
全球人壽如何透過數據驅動持續優化客戶體驗

企業發展概況

　　全球人壽於 1994 年起正式於台灣營運，透過多樣化的壽險產品，提供保戶專業保險規劃與服務。自 1998 年至 2013 年間，陸續併購美國家庭人壽、全美人壽台灣分公司、安盛國衛、國華人壽在台保戶與相關業務，並於 2009 年原母公司全球保險集團（AEGON）與中瑋一公司完成股權交割，正式轉型為台灣本土壽險公司。截至 2019 年上半年，全球人壽總資產達 1 兆 1411 億元台幣，躋身國內壽險公司第八大。

　　呼應近年縈繞於金融場景之金融科技議題與內外部環境變動，全球人壽將以「金融」與「服務」為本質，立基於「科技」造就「創新」應用以提升客戶體驗，朝「Future Branding」邁進。

數位轉型主軸

全球人壽數位轉型旅程的起點，可回溯至 2013 年，在面臨業務合併所帶來的系統不一致，促使全球人壽決定整併兩間公司的核心系統，以提升業務流暢度；同時，外部環境改變諸如消費者偏好使用多元通路、Insurtech（保險科技）業者加入市場競爭、風險與監理制度的改變等，讓全球人壽在 2014 年進行核心系統變更時，也開始思考如何進行整體數位轉型。

全球人壽認為，數位轉型並非一站式的到達某個階段，而是一段持續改進與優化的旅程。從其公司提供的系統架構全像圖可判別，基於數據積累與分析的架構，回歸顧客導向思維，是此次數位轉型的重要指導原則。

全球人壽的數位轉型可歸納為兩大主軸，其一是將傳統從產品角度思考的模式，轉化為以客戶角度為出發點。其二則是認知到數位轉型的根本在於夯實企業的數據能力。

聚焦客戶視角

從產品角度轉為客戶視角方面，有兩個主要作為：

1. 使用者導向之數位通路整合

當客戶能夠從多元通路（實體櫃台、客服中心、官網等）接觸到全球人壽時，如何讓客戶不論選擇哪一種通路，都能獲得一致性的服務已然成為重要議題。目前全球人壽資訊部已透過建置大量的 API，協助將服務通路的資訊與核心系統對接，達到各通路資訊一致的階段性目標。

同時，全球人壽也期待透過這套 CRM 系統協助將保戶交易等相關行為數位化。根據內部統計，有 13% 的保戶會主動選擇數位化服務、

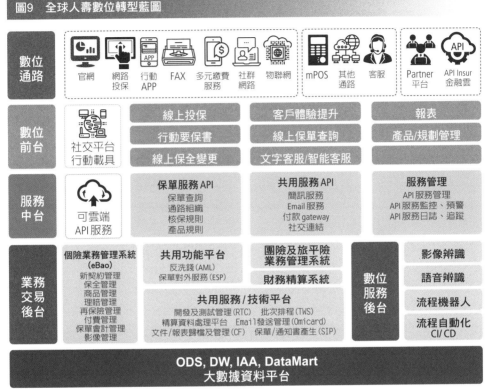

圖9　全球人壽數位轉型藍圖

資料來源：全球人壽，MIC 整理，2021

而剩下 87% 的客戶就是目標客群。目前系統可以協助服務人員在與客戶互動時，即時告知客戶補充未填寫完成的資訊（電子信箱、手機號碼等）以利數位化服務推廣、也可以針對保單應付未付的問題進行提醒。

2. 建立生態圈以提供客戶加值服務

2020 年七月啟動的保險保全／理賠聯盟鏈，其目的在於降低保險業人工作業及重複投資之經營成本，全球人壽與其他 10 家保險業者參與其中，希望藉由同業合作的模式建立保險生態圈。更甚者，未來全球人壽也期待可透過與更多的異業合作，提供客戶健康外溢保單等創新商品，持續深挖顧客價值。

圍繞數據核心

在基於數據為核心的發展上，首先是企業資料運作中樞核心系統的輕量化，其次則是朝數據分析為基礎驅動各類業務發展的方向推進。

1. 核心系統優化

在保險產業裡，系統優化的目的是提供客戶導向的個人化服務，但是保險公司內部與面向客戶所呈現的資料結構是不同的。因此，核心系統優化對於保險產業而言是一大工程。全球人壽現正以「小核心多周邊」的形式雙軌進行核心系統與數據中台優化，提升整體數位化進程的同時保有彈性調整的空間。在核心系統優化進行之際，並著手建設其數位通路以利數據累積，爭取未來在核心系統完善的同時，迅速槓桿數據資產的價值。

2. 數據分析驅動

在數據應用方面，全球人壽除正在建置以數據分析驅動之理賠反詐欺模型外，另一項以品牌暨數位整合發展部主導的專案中，此刻正將數據分析目標放在如何鑑別所謂高資產客戶，進而有效進行銷售活動上。

全球人壽首先鑑別出直營通路下擁有一定數量保戶之業務員進行計畫招攬，並以該群業務員所持有、超過兩年未與公司進行新互動的保戶為對象。整合這群保戶所持有的保單資訊與外部資料（戶籍地址、薪資收入與信用卡卡別等）進行辨識與分群，識別高資產客戶並產出預測模型，提供業務員推銷保障型或投資型保單的目標對象。根據全球人壽指出，該專案鑑別出的高資產客戶較以往多出 15% 的簽單率。

可借鏡之處

供給模式從傳統產品導向轉為顧客導向

在傳統保險產業中，向來依循以保單資訊為核心進行資訊系統設計。然而，當客戶體驗此一名詞在數位轉型議題下大行其道時，全球人壽也以提供客戶導向的個人化服務著手進行核心系統優化。此外，在數據為王的時代中，全球人壽也善用手中的資訊與外部數據進行整合，藉由資料分析辨識出可為企業帶來高收益之潛在客戶，並輔以保險業務員協作達精準行銷效益，提升簽單率與收益。

推動數位轉型仍須回歸以「人」為本

對現正導入數位轉型的組織而言，領導者滿腹理想與策略，執行端卻缺乏相應的企劃能力、開發能力甚至落實意願將是一大痛點。全球人壽在鑑別高資產客戶的專案中，針對參與專案之業務員即訂有一定招攬機制而非全員採用。除了考量該業務員是否持有足夠的保戶數以產出具參考價值的分析結果，也期許透過差異化的遴選機制，破除業務員高度依賴自身經驗的同時，提升業務員對數據分析結果的重視，以確實達到「人機協作」之轉型效益。

推動架構重橫向互動避免疊床架屋

全球人壽的數位轉型模式為立基於新興技術應用，提供客戶導向的創新產品與服務。有別於部分金融機構另行獨立出權責單位統籌企業內部之數位發展策略，全球人壽考量到數位轉型中，「技術」、「規劃及數據應用」與「業務應用及推動」三者缺一不可，選擇由資訊部、品牌暨數位整合發展部、行政部主導，並與其他相關部門進行跨部門合作的

模式來推動，既賦予既有功能部門數位轉型的任務，亦創造部門間友善互動的氛圍。

結論

　　數位轉型的議題與應用正於我國金融產業界遍地開花，相較於常在報章雜誌曝光的大型金控，全球人壽步履穩健，走得不露鋒芒。然而，回顧其迄今之發展可知路途並非一帆風順。除了外部環境瞬息萬變，公司內部舉凡事業單位的落實意願、規劃單位是否具有相應的能力，乃至每一個專案所帶來的效益是否可以在可見的時間維度內回應投資人與決策者的期待等，除了為全球人壽現階段所面臨的一大挑戰，也將在未來的轉型之路上持續帶來考驗。

圖10　全球人壽數位轉型之核心思維演進

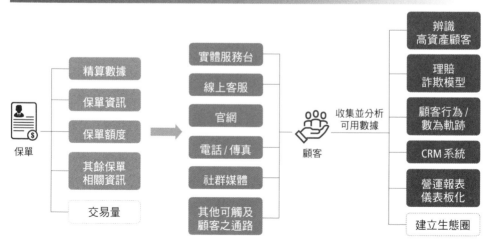

轉型前之核心思維：產品導向　　　　　　轉型中之核心思維：顧客導向

資料來源：MIC，2021

2. 陸空兩棲的數位轉型：
新光人壽如何空戰與陸戰並進以在數位轉型之戰突圍

企業發展概況

作為最初籌組新光金控的主要成員之一，新光人壽於 1963 年成立，並於 2002 年攜手力士證券（後稱新壽證券）共同成立新光金控。根據統計，2019 年新光人壽總保費達 3181.8 億元，初年度保費達 1168.6 億元，市占率 9.2%，可謂新光金控最獲利之引擎。

因應金融科技與數位轉型之議題正於我國金融產業大行其道，新光人壽也意識到外部環境更迭，舉凡新的競爭者（大型科技公司、保險科技業者等）可能加入保險產業分食大餅、主管機關規範改變等，促使新光人壽步上轉型。

數位轉型主軸

國際保險監理官協會在 2017 年預測了保險產業未來可能發生的三種情境，依序為：一、現有保險業成功維繫客戶關係，持續維持產業榮景；二、保險價值鏈遭到碎片化，傳統保險公司不再掌控整個產業；以及三、大型科技公司占據整個產業。

新光人壽認為，對國內保險產業而言，尚處於第一種由保險公司主宰整個市場之情境，然而放眼國際，以上三種情境正以不同進程的形式確實於世界各地實現。無人能預知另外兩種情境是否將發生在可預期的未來、或是下一世代方能於國內躬逢其盛。但是務實的著眼當下，可知

在以科技為核心的驅動，由環境外部向內部形成的拉力、以及產業界與監理機關面臨變革所形塑的由內而外之推力，都逐步改變著消費者行為與催生新型態商業模式，進而推動新光人壽的數位轉型。

新光人壽對於數位轉型思維大致上可依循一核心宗旨：以導入新興技術為手段，降低企業營運成本的同時提升客戶體驗。

降低營運成本

提升數位服務減少營運成本

在新光人壽未來三年的數位轉型策略方向中，主要透過提升數位服務交易量、簡化行政流程，並以減少費用支出為最終目的。

繼導入「e投保」與「行動E理賠」等數位化服務後，根據新光人壽指出，相較於 2018 年，2020 年 1 月至 5 月間各項數位服務占率皆提升超過 35%。其中，E理賠的處理天數相較紙本作業減少 0.7 天、累積效益高達 1 千 5 百多萬台幣。

提升客戶體驗

1. 空戰與陸戰並進以避免通路衝突

數位轉型不是一段一蹴可幾的過程，如何平衡既有的傳統模式也同時跟上創新潮流是一大議題。新光人壽在通路服務上採取「空戰」與「陸戰」並進的模式，協助企業進行轉型。

所謂「空軍」，於新光人壽內部為一個大約五人組成的單位，執掌新光人壽在 LINE 官方帳號中的所有營運活動；「陸軍」則被內部稱為「數位推廣尖兵部門」，由原保單行政單位與原業務單位等具有專業保險素養者組成，以數位工具為輔助，線下提供消費者數位保險服務。在先前防疫期間也因應情境，協助客戶透過 Mobile ID 認證的方式購買口

罩，希望提供客戶實際上的成功經驗，以提升消費者接觸數位服務的意願。

2. 打造生態圈以提供客戶加值服務

對保險業來說，「策略合作」、「生態圈」等名詞已然成為顯學。新光人壽將生態圈視為數位轉型中的商業模式，現正以三種不同的模式進行，分別為：一、以壽險業為運作核心的「大健康生態圈」，與健身房、看護中心、送餐服務、銀髮服務機構進行策略聯盟；二、由金控主導轉型，與其他金控子公司（如：新光人壽、元富證券）進行合作的「金融服務生態圈」；同時，新光人壽也未於 2020 年 7 月開始試辦的保險業區塊鏈聯盟缺席。

作為金控體系中的壽險公司，新光人壽的數位轉型上主要以金控策略為依歸；針對甫上路之區塊鏈聯盟，新光人壽則是目光長遠的判斷消費者偏好可能因此改變，決定躋身領先群以掌握先機。

可借鏡之處

數位轉型應釐清組織定位

在數位轉型的過程裡，首先定位組織所在、擁有多少資源、以及轉型目標為何，都將影響到組織在轉型上所採取的策略、以及轉型成功的可能性。作為金控體系中的傳統壽險公司，新光人壽在數位化進程中選擇以金融服務為核心，並且採取由金控本位領導的轉型模式；除了避免各子公司之間各自為政，也使新光人壽得以獲得來自金控的資源支持。

形塑生態圈為大勢所趨

雖然新光人壽認為我國的保險市場仍由傳統保險業者主宰，然而，

過往圍繞著產品設計與價格競爭的市場競爭模式已然式微，除了顧客開始尋求加值服務，新光人壽也正試圖與其他同業做出差異化。新光人壽分別以「壽險業為核心」、「金融服務業為核心」、「與保險同業技術結盟」等三種創新商業模式以形塑出自有生態圈，同時在傳統金融產業中尋求突圍。

「攘外」亦「安內」在數位轉型中是一大議題

如何在衝刺全新的數位化業務（此即「攘外」）同時，妥善進行內部原有的科技債盤點（此為「安內」），卻又在營運過程中不互相衝突是所有正在進行數位轉型的組織所困擾的議題。新光人壽在客戶服務面向中，同時培養「空軍」及「陸軍」並實際練兵。根據新光人壽指出，目前由「空軍」執掌的 LINE 官方帳號截至 2020 年三月，帳號好友數已達 281 萬人，占其整體保戶的三分之一；而由一群具有業務歷練人才所組成的「陸軍」也不遑多讓，也在近期疫情下協助消費者以手機 Mobile ID 認證的方式購得口罩、藉由成功案例以提升消費者未來接觸數位服務的意願。

結論

受益於金控，也受制於金控。從營運面來看，新光人壽在發展數位服務的過程中雖然可獲益於金控挹注之資源，卻也需依循金控策略而必須與其他金控子公司目標一致的採取並不適用於壽險業的技術，面臨「齊頭式平等」的窘境。另一方面，數位長與資訊長在進行數位轉型上時常是意見相左的：資訊長的本質是技術人員、而數位長從顧客使用端出發，卻時常覺得 IT 人員的想法無法完全落地。

　　從顧客面而言，除了在推廣以數位服務取代紙本作業的過程中衍生出新型態的「數位糾紛」（如：客戶表示未曾加入過新光人壽的線上會員卻收到訊息推播，指控公司洩漏個資）目前仍難以處理；為了提升顧客體驗，新光人壽也進行多通路發展（如：在銀行轉帳等傳統繳費方式以外，與四大超商合作提供保費繳交服務，以提升顧客繳費便利性）。然而各通路成本不一，站在公司資源有限的前提下，如何調整通路結構並將客戶導流至低成本通路也是新光人壽現正思考的議題。

圖11　新光人壽數位轉型之核心思維演進

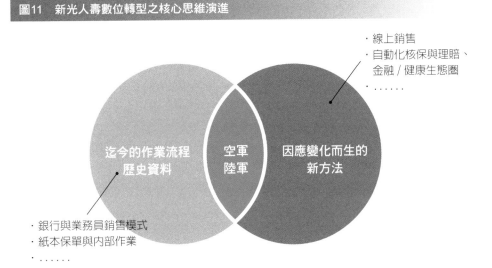

- 線上銷售
- 自動化核保與理賠、金融／健康生態圈
- ......

迄今的作業流程
歷史資料

空軍
陸軍

因應變化而生的
新方法

- 銀行與業務員銷售模式
- 紙本保單與內部作業
- ......

註：「空軍」為內部一個約五人的單位，執掌所有 LINE 官方帳號中的營運活動；「陸軍」則為原保單行政單位與原業務單位等具專業保險素養者組成，以數位工具為輔助，線下提供保戶數位保險服務。

資料來源：新光人壽、MIC 整理，2021 年 9 月

3. 數據治本的數位轉型：
永豐證券如何透過長期布局提升數據治理

企業發展概況

　　成立於 1988 年的永豐金證券現為永豐金控的全資證券子公司，業務範圍包括經紀、自營、承銷、債券等金融商品；迄今實收資本額達新台幣 162 億元，並積極布局國際，於香港、上海、倫敦等地設有服務據點。

　　作為國內證券商翹楚，永豐金證券積極導入創新科技（如：AI 智能投顧）協助企業內部建置數位金融轉型，並從客戶角度出發，發展符合市場需求之商品，致力於成為證券產業金融創新領導商。

數位轉型主軸

　　數位轉型對金控體系中的永豐金證券（下稱永豐證）而言是一趟正在進行的旅程，其核心思維可以區分為外部提升客戶體驗、以及內部優化作業流程來說明。

提升客戶體驗

1. 提升交易工具使用體驗

　　在證券業的營運中，與客戶最直接相關者當屬交易活動。永豐證目前做出業界唯一可於 Linux 上執行的 Python API 串接應用，可於一個月中執行超過 30 億的交易量，大幅提升營運效能與客戶使用體驗；同

時，永豐證也形塑出來自不同年齡層的客戶樣貌：35 歲以上的客戶偏好使用 T4 類傳統交易介面，而 35 歲以下之消費者則傾向選擇可提供即時報價的 Python。

為了持續優化客戶使用之交易工具，永豐證目前同樣為業界首推透過 LINE 即可直接下單的券商，並積極與第三方業者（如：Stockfeel）進行合作洽談。

2. 多方策盟累積流量

「豐雲學堂」為永豐證近期推出之整合性財富管理教學與交易平台，目前側重文字內容經營；未來計畫與其他媒體、投顧公司或 KOL 互相合作、導流，由文字內容發展為影音製作，累積點閱流量的同時提供客戶加值的知識服務。

3. 創新投資方案

永豐證預計將與阿爾發證券投資顧問公司攜手進入沙盒試驗，針對海外投資的部分透過 API 串接進行資訊交換與下單。透過提供美股定期碎股的投資方案、輔以 API 串接協助客戶下單，帶給客戶創新體驗。

內部作業優化

1. 優化作業流程

目前在內部作業流程優化上主要有兩大應用，分別為 RPA 導入與數位開戶上線。

永豐證目前除了透過 RPA 支援內部財會作業，也將 RPA 應用在節省核帳時間。過去證券業只要一錯帳，全國各分公司的相關人員須留在公司待命直到錯帳被辨識與解決。在永豐證委請 Deloitte 協助 RPA 導入後，除了可以 24 小時自動化運作，還可以將各分公司的資訊自動整合後向總公司呈報，即便有錯帳也可以自動辨識出造成疏漏的單位以利

人員做進一步處理，大幅降低營運成本。

受益於數位開戶上線、AI 輔助進件檢核，永豐證除了避免在疫情期間部分營運空轉的窘境，也大幅提升了每天的開戶數。此外，需要主管簽核的部分也可以行動化處理。根據永豐證指出，過去由於需要等收盤後才能進行開戶作業，每件申請至少需 3-5 小時作業時間，因此一天一家分公司的開戶數可能未達 10 件；數位開戶上線後，儘管目前全國只有 4 間分公司執行數位開戶業務，相對於過去一年全國開戶數約 15,000~20,000 戶，今年的 3-6 月即達 25,000~30,000 戶之佳績，可謂一大創舉。

2. 強化風險控管

過去，證券業因作業風險、部位風險與開戶風險等風險需仰賴事業主管主觀判斷，而被俗稱為「看天吃飯」。如今，永豐證正逐步把所有流程重新檢視，進行計算與建模，以強化整體風險控管，預計在 2020 年 10 月可有初步成果。

3. 提升數據治理

目前於永豐證持有帳戶的客戶中約有 5 成也是永豐銀行的客戶。受益於金控治理，永豐證可透過金控整合銀行資訊以形塑該群客戶樣貌。然而，未於永豐銀行進行交易之客戶型態卻是一無所知。為了解其餘半數客戶樣貌與持有的資產，永豐證正計畫自行申請成為第三方業者向其他銀行收集客戶資料，以提升在即將上路的開放銀行第二階段的優勢。

此外，目前在永豐證的營運上，委託單的數量大約為成交單的 10 倍左右。委託單雖未提供券商實質效益，卻能說明客戶意向與對價格的預期。因此，目前內部正在思考是否可以針對委託單的資訊進行分析以得出具有價值之資訊。

图12　永豐證的數位轉型核心思維

資料來源：永豐金證券、MIC 整理，2021 年 9 月

可借鏡之處

數據治理是數位轉型的根本解法

　　意識到第三方業者對證券市場的覬覦，永豐證券轉守為攻的率先與其展開合作，希冀透過資訊交流、技術互惠的方式提供客戶加值與創新服務。然而，深究數位轉型的本質，已然不再是同業或異業間的較勁，而是企業今天所提供的服務、在與昨天顧客所獲得的體驗競爭。如何提供客戶優於前一刻的體驗、甚至對客戶的期待進行預測，並且將技術同樣導入內部運作，永豐證得出了「提升數據治理」這個答案。

　　雖然未見雛型，然而永豐證在長期布局上已出現了對數據治理的重視與規畫，只待在可預見的未來將其落地。

痛點所在即是創新之處

　　從內部運作的角度來看，傳統證券業的痛點屬錯帳處理與開戶作業。在傳統營運中，一旦錯帳所牽連的即是全國的相關單位，單是在辨識造成錯帳的單位上就需耗費大量的人力與物力；受限於收盤時間，傳統證券公司僅能在交易時間結束後進行開戶作業、因而延長客戶等待時間。有鑑於此，永豐證透過導入 RPA 協助自動化，大幅降低了除錯時間；而數位開戶與 AI 輔助進件檢核則將部分的開戶作業進行標準化，協助減少人力檢核的成本，以達人機協作之創新效益。

保持彈性可能是數位轉型的解方之一

　　當「策略合作」與「生態圈」已然在數位轉型的浪潮中成為顯學，順勢而為是一解方、另闢出路未必不是答案。除了在提供創新的加值服務上與第三方業者進行策略合作，為了盡可能獲取更多資訊以勾勒出客戶樣貌，永豐證也保持著彈性將「成為其他金融機構的第三方業者」納入規劃，期許在有別於其他券商的作法上，能於轉型之戰中占得先機。

結論

　　組織要進行數位轉型，則必然伴隨著一定程度的創新。創新也意味著資本與技術必須到位。然而，對永豐證來說，數位轉型的過程裡多少需要摸著石頭過河，如何在一定時間內回應決策階層的期待以獲得下一個專案的資金、大環境現有的技術成熟度與公司內部是否具有匹配的人才等，都昭示著轉型之路遠迢迢。

4. 穩健經營的數位轉型：
玉山銀行攜手網路資訊公司打造創新服務供應聯隊

企業發展概況

　　玉山銀行於 1992 年於國內創辦，與玉山證券、玉山創投同屬玉山金控 100% 持股之子公司。作為國內少數不具官股或財團色彩的中型金控子公司，玉山銀近年除積極於中國、日本、澳洲等地設立分行進行國際布局，也同樣於金融創新服務進行前瞻規劃與落地。2019 年起陸續與台灣大學及中研院攜手設立金融科技研發中心，以期將學界成果於金融實務上得到驗證；內部推動上亦為國內首間創設科技長一職的金融機構，並與 PChome、Paypal、支付寶等大型網路資訊公司合作，共同推動金融科技應用。

　　展望長期，玉山銀規劃以客戶需求為核心，著力於場景金融應用、智慧金融與普惠金融等三大構面，持續提供客戶創新且有感的金融服務。

數位轉型主軸

　　當數位轉型與金融科技等概念於產業間蔚然成風，各金融機構也各自盤點其既有資源展開布局。而其中，作為少數不具官股與財團色彩，由專業經理人領導迄今的玉山銀雖然無法如其他同業，以相對低門檻的模式取得自有集團內金融或非金融服務之資源，綜觀玉山銀迄今於轉型及創新服務提供上，可見其仍舊走出了自成一格之脈絡，茲闡述如下：

攜手大型網路資訊公司籌組創新服務供應聯隊

Paypal、NTT Data、支付寶與 Razer FinTech，上述的各間公司無不為在支付、資訊系統等領域位列一二的大廠。若以地理市場做區分，Paypal 於 2020 年名列全球資產第 30 大；NTT Data 為現今日本最大的資訊系統廠商；作為市場曾經預估 IPO 市值達 350 億美元的螞蟻金服旗下之一的支付寶平台在 2020 上半年占其母公司營收 36%，粗估中國境內有高達 10 億人採用相關服務；而 Razer FinTech 旗下第三方支付平台 Razer Merchant Services 的前身則為東南亞最大第三方支付平台 MOLPay。

在部分金融機構高舉著「我們不是金融機構、而是科技公司」的旗幟當下，玉山銀深知自身有著傳統金融機構的包袱、也缺乏集團多元子公司的資源支撐而積極攜手大型網路資訊公司推出創新應用服務。舉凡近期與知名電競品牌 Razer 旗下的 Razer FinTech 合作推動跨國金流交易平台，協助消費者降低交易成本的同時也因增加多元支付工具而提升商家競爭力；早在 2018 年即看準我國盛行日本文化帶來的商機而攜手 NTT Data 啟動「玉山日本跨境 e 指購」，相關合作亦於 2021 年 1 月延展至韓國市場。

由建構生態圈到會員制推動

綜觀國內信用卡市場，大抵主打以現金回饋、紅利回饋與 Line Points 回饋為主。而近期，由玉山銀與 PChome 合作推出的「玉山 Pi 拍錢包信用卡」也透過 P 幣回饋打造點數生態圈而逐漸占有一席之地。其中，玉山銀著眼於平台生態圈所能帶來的長期效益：自 Pi 拍錢包落地後一年左右，玉山銀推出「拍享貸」，將借貸服務整合進 Pi 拍錢包 App，讓消費者可以在無斷點的情境下取得貸款。

圖13　玉山銀行的數位轉型核心思維

攜手資訊大廠
籌組創新服務供應聯隊

建構生態圈

打造子品牌

資料來源：玉山銀行，MIC 整理，2021

　　2020 年 7 月，玉山銀旗下子品牌 eFingo 上線。串聯玉山行動銀行
App、玉山 Wallet、e 指系列等數位產品，以期透過會員制的方式提升
客戶黏著度。

可借鏡之處

術業有專攻，借風使船也是轉型之策

　　因應國際趨勢與技術演進，金融業進行轉型已然是不可逆之趨勢。
然而，傳統金融服務業的核心畢竟仍為借貸、儲蓄與支付等，在有限的
資源內除須維繫核心業務營運外，尚需因應消費者偏好改變、以及全球
市場邊界因網際網路興起而模糊等議題。

　　術業有專攻，各地理市場亦有其一方霸主。玉山銀在進行跨域跨市
場的發展中，聚焦於自有核心的金融服務能力、也借風使船的借重各方
勢力，方有今日榮景。

圍繞客戶體驗將持續驅動銀行服務創新

玉山銀先是與異業電商 PChome 攜手透過信用卡形塑出 P 幣生態圈，近期亦推出自有子品牌 eFingo。正所謂太陽底下無新鮮事，同業中台新銀推出子品牌 Richart 早已行之有年，eFingo 的推出興許亦有叫陣的意味。

細觀 eFingo 與 Richart 現行的運作模式，客觀上恐難以論述何者更勝一籌。唯一可確知的是，消費者所期待的不外乎是有感、優惠且易用的交易服務，而 Richart 此一品牌的經營上也確實持續因應著消費者偏好進行功能調整。相信除了 eFingo 未來的發展上將仿效著此一脈絡，整體金融業者在考量提供何種創新服務的過程中，也將持續圍繞著此一事實進行推動。

5. 定位明確的數位轉型：
台新銀行如何以 Richart 搶攻年輕客群布局長期

企業發展概況

2002 年台新銀行與大安銀行透過股份轉換方式共同成立台新金控，迄今集團子公司囊括台新銀行、台新證券、台新投信與台新投顧。其中，為配合金融國際化，台新銀行陸續於近年在各標竿國家（包括越南、香港、新加坡、日本與澳洲等地）成立分行與辦事處；呼應國際金融科技發展趨勢與國內環境改變，台新銀亦積極布局數位金融，推出包括「Richart」、ATM 創新應用等務實作為，期許為客戶提供全方位的優質服務。

數位轉型主軸

在各家金融機構爭相投入數位轉型、推出創新應用的當下，若說「數位帳戶」是其中一項與消費者密切相關的發展想來當之無愧。此時，打著紅色領結的白色小狗 Richart 作為台新銀行的副品牌橫空出世，根據金管會紀錄在案之數據顯示，已蟬聯數次國內銀行數位存款帳戶開戶數之龍頭寶座。然而台新銀的轉型不僅止步於此，而是持續透過異業結盟來擴張版圖。

聚焦年輕世代

1. 優化工具使用體驗

一隻會理財的小狗 Richart，現正於數位帳戶領域中大放異彩。除了甫上線即開出優於業界的活存利率與多次的免手續費轉帳服務而成為業界開戶數之領頭羊，仔細探究其交易工具——「Richart」app，除了因使用介面簡潔易懂，提供電話號碼轉帳、銅板投資、「小茶罐」與「萬用罐」等創新應用而貼近年輕世代對於「簡單、趣味、好用」的訴求，而從德國紅點連莊到 Gartner 的金融服務創新獎，持續回應消費者評價並進行改進也是 Richart 保持地位的因素之一。

2. 透過多元通路提升與消費者的接觸

在一般金融服務以外，台新銀也持續藉由「Richart」之口透過各種通路提升與消費者的接觸。諸如透過 LINE 官方帳號來推播金融訊息、Chatbot 等應用；也定時在年輕世代高聚集的平台包括 Instagram、Youtube 等地方結合時事題材如「鬼滅之刃」讓消費者產生共鳴，企圖藉此持續強化品牌於消費者心中的形象。

3. 打造異業生態圈

　　利基於Richart數位銀行，台新銀於2020年宣示整合全家便利商店、新光三越百貨、台灣大車隊與遠傳電信等策略夥伴，涵蓋零售、百貨、交通與電信等多元生活場景形塑Richart Life生活金融生態圈平台，提供消費者一站式的生活服務。未來消費者只要透過台新Pay的支付功能、並且以台新Point即可在不同的店家進行消費折抵，不再受限於單一通路、單一點數與使用期限的窘境。

> **圖14　台新銀行的數位轉型核心思維**

資料來源：台新銀行，MIC整理，2021

可借鏡之處

聚焦年輕客群做長期布局

　　從台新銀打造副品牌「Richart」小狗進軍數位金融，盡可能降低象徵傳統金融機構的「台新銀行」四字躍入客戶眼前的頻率，可辨識其欲

做出客群區隔而著力於品牌形象的第一步；伴隨著簡潔易懂的使用介面、銅板投資等應用，也接連打中了「年輕」、「小資」族群的需求。直到近期，台新銀仍透過「Richart」在多個平台上持續貼近年輕世代。此外，綜觀 Richart 能在數位帳戶開戶數中傲視同業，也不可不提其甫上線即推出大幅由於同業的活存利率與開戶回饋。

　　儘管從業務經營的角度來看，並不難理解台新的各項應用恐怕都正斥資著高額成本。然而從「聚焦年輕客群」此一策略主軸觀之，長期發展上恐怕有其必要性。畢竟這些數位原住民即將在不久的未來，取代眼下熟悉以傳統金融交易模式與銀行互動的戰後嬰兒潮成為世代主角。而此時此刻，正是數位原住民們剛開始與金融機構有所互動的時間點。

圍繞客戶體驗將持續驅動創新與轉型發展

　　創新與轉型的世界裡，打價格戰的策略終將是曇花一現。除了對必須持續自行吸收成本的企業而言如此，從競爭對手的角度來看亦是；而這點我們從 Richart 所提供的活存利率相較甫上線時逐漸縮減，而永豐 DAWHO 等競爭對手的討論度逐漸提升可略見一二，畢竟在資訊取得的門檻大幅降低的時代，消費者的忠誠度是低的，只憑「價格」本身做文章可以榮登一時寶座，但總有來自新進者的挑戰將讓固守「價格」的企業走下神壇。

　　在長期布局上，不僅是台新銀，整個金融界都正著眼於生態圈的構建。由數位金融的角度切入，如何持續優化交易工具，並透過點數經濟與最貼近消費者需求的各行各業介接以形塑出自有生態圈，實現「Banking as a Service」是所有金融業者都應審慎思考的議題。

05
台灣 FinTech 案例解析

　　根據知名市調公司 CB insights 指出，截至 2021 年，全球總計約 108 間提供包括保險、支付等不同創新應用的金融科技獨角獸。包括我國中央銀行在內，全球各金融產業的監理機關與公協會、乃至於跨國顧問公司也開始於新聞稿或研究報告中，闡述金融科技公司對於傳統金融產業將可能帶來之衝擊。

　　綜觀全球金融科技新創公司發展，迄今在各項金融應用中除了獨角獸，亦包括已於世界各地之證交所公開上市者：舉凡 2015 年於紐約證交所上市的支付新創 Square、2020 年甫上市即迎來股價飆漲 140% 的保險科技新創 Lemonade，以及近期轟動上市的加密貨幣交易所 Coinbase，皆說明科技新創所帶來的創新思維已逐漸獲得國際資本市場的認可。

　　我國不乏投入金融科技領域之新創公司，然而相較於國際市場，多半仍聚焦於發展單一技術或應用，因而與大型金融機構之競合顯然「合」遠大於「競」；欲比肩國際，無論於資本額或是業務多元性上顯然仍具發展空間。本章節將依序解析於開放銀行階段身先士卒的麻布記帳、著力於發展場景金融的拍付國際、欲以演算法為利器優化客戶體驗的實貸比較網，以及集眾人之力塑造創新投資模式的湊伙，期待為國內金融科技市場帶來新的「鯰魚效應」。

1. 開放與共享的數位轉型：
麻布記帳透過開放與共享打造金融服務場景

企業發展概況

　　麻布記帳成立於 2014 年，主要產品為記帳 APP，透過整合多個銀行帳號、信用卡、貸款、電子發票、iCash 等資訊，結合圖形介面方便用戶查看金錢流向，並建立個人資產負債、收入支出、消費分類等財務報表。因應世界各國開放銀行的風潮，也起金融業者對未來金融場景的想像，而政府從 2019 年起針對開放銀行透過分階段上線，消費者只要同意分享自身帳戶或訊息給第三方業者，就可將資料透過應用程式介面呈現在第三方業者的應用軟體中，讓金融服務無所不在。麻布記帳能讓用戶在一個介面中，掌握個人收支負債情形，並透過記帳的過程直接繳納帳單，創造無斷點的客戶體驗，2020 年 7 月的用戶從 10 萬人、月活躍用戶數（Monthly Active User, MAU）5 萬人，成長到 8 月的 20 萬用戶數、10 萬月活躍用戶數。

　　麻布記帳在創業之初，不但燒掉 1,000 多萬資金，還遭到許多銀行的抵制。銀行公會甚至發函建議銀行不要與麻布記帳合作，有些銀行甚至透過阻擋 IP 和增加網銀登入難度等方式，阻止麻布記帳串接資料，面對一連串的阻礙，麻布記帳最終停止服務。2018 年由創辦人張耀鐘在華碩工作的同事陳振榮接手，經八個月重新調整後再度上線。2019 年，麻布記帳成為金融科技園區 FintechSpace 培育團隊，並參加開放銀行 Open API 政策第一、二階段，目前已串接 20 多家銀行的金融商品資訊及繳費服務。參與投資的團隊包含中國信託、國際著名天使投資人砂

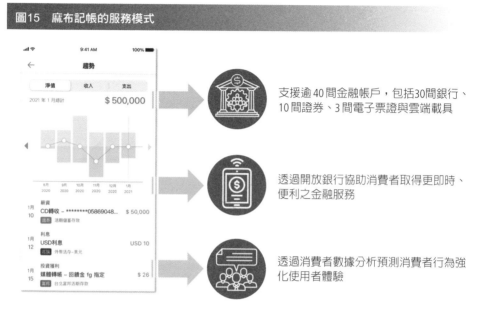

圖15　麻布記帳的服務模式

支援逾40間金融帳戶，包括30間銀行、10間證券、3間電子票證與雲端載具

透過開放銀行協助消費者取得更即時、便利之金融服務

透過消費者數據分析預測消費者行為強化使用者體驗

資料來源：麻布記帳，MIC整理，2021

川大、和創投資及識富天使會。

數位轉型主軸

透過開放銀行助消費者取得更即時、便利之金融服務

　　麻布記帳透過財金公司標準化之開放應用程式介面（Open API）整合個人的銀行台外幣活定存、信用卡、貸款、證券、悠遊卡、一卡通、iCash、電子發票等資訊，透過綁定網路銀行權限，同步更新所有往來金融資訊，提供資產負債、每月收支、消費分類之統計資訊，省去消費者手動記帳時間，並協助消費者了解整體財務狀況，也有助於理財規劃。此外，若財務變動便會即時通知，即時監控理財，隨時提醒卡費、水費、電信費等各類生活帳單，並透過收到繳費提醒、確認帳單金額、

按下繳費按鈕三步驟，在麻布記帳 APP 直接完成繳費。麻布記帳透過 OPEN API 與銀行合作打造出更多元、更貼近消費者之應用場景，並幫助消費者取得更即時、便利之金融服務。

透過消費者數據分析預測消費者行為強化使用者體驗

2018 年接手經營的陳振榮同時也是 EZprice 比價網創辦人，團隊擅長透過消費者數據分析、轉換，預測消費者行為。麻布記帳在新團隊接手後，找來 1,800 位用戶訪談確認需求以重新打造 APP，並考量風控、資安等需求，也參考了英國、新加坡、香港等地對於第三方服務供應商的資訊安全標準，提升資料保護層級。

科技為金融產業帶來了很大的挑戰，而隨著使用者對於產品或服務的期待越來越高，強化使用者體驗為許多金融業的重要布局重點，透過開放 API，金融業者可與科技業者串接，讓金融機構的|服務隱身在各種數位平臺內，直接提供服務，進而提高用戶體驗。麻布記帳幫助使用者更了解自己的資產，在投資理財時做出更好的資產配置。其優勢在於，首先，它鎖定金融創新領域，進入門檻較高；第二，比起用業務人員去推動業務所衍生的人力成本，如能透過大數據分析，推薦產品給適合的使用者，就能幫助金融業者降低營運成本；第三，透過友善介面強化使用者體驗，並透過社群媒體與使用者密切互動，藉此蒐集使用者意見回饋以不斷改良產品。

可借鏡之處

透過開放與共享打造金融服務場景

金融業的關注焦點，將從自身所處的場域，轉移到消費者在生活中

使用到交易與金融服務的場景，亦即發展場景金融，而為了讓金融服務融入消費者生活場景，數據則是其中不可或缺的因素。隨著各國吹起開放銀行的風潮，開放、共享成為重要關鍵，也是普惠金融重要推手，因著政府政策的開放，麻布記帳擺脫了金融駭客與詐騙集團的污名，搭上開放銀行的列車，透過開放銀行 OpenAPI 讓服務、產品出現在目標客群的生活之中。

替用戶找到適合的金融商品創造多贏而互補的金融應用

　　新冠肺炎疫情肆虐的情況下，麻布記帳完成估值超過億元規模的種子輪融資，透過創造更便利的應用場景，成為主管機關推廣開放銀行的成功個案。金管會在 2019 年 6 月訂出開放銀行發展，分成「公開資料查詢」、「消費者資料查詢」、「交易面資訊」三大階段。麻布記帳完成第一階段「公開資料查詢」的應用場景，透過與多家銀行合作串接 API，成為台灣第一個實現「公開資料查詢」應用的 TSP 業者。麻布記帳立足用戶的角度，發展易用、普惠的全資產管理服務，並幫助用戶與金融資訊建立便利又安全的連結，透過金融科技創造多贏而互補的 Fintech 應用，並發展合適大眾消費者的個人理財管理服務。

2. 場景金融實踐者：拍付國際

企業發展概況

　　拍付國際成立於 2015 年，為 PChome 網路家庭集團旗下子公司，以行動支付為核心，推出「Pi 拍錢包」服務。Pi 拍錢包的消費應用場景多元，橫跨零售、金融、交通運輸、公部門服務等，讓民眾從日常的

計程車付款到百貨公司購物，都能透過手機 App 進行付費。

2018 年，拍付國際聯手玉山銀行推出「玉山 Pi 拍錢包信用卡」，透過回饋 P 幣方式建立點數經濟生態圈；2019 年，拍付國際與宜睿智慧（Edenred）合作推出「拍享券」點數兌換服務，打通虛實整合的點數應用場景。同（2019）年，拍付國際進一步與玉山銀行合作推出「拍享貸」，將融資金融服務嵌入 Pi 拍錢包 App，實現消費場景與數位貸款整合。

2020 年 9 月，拍付國際與 PChome 網路家庭集團旗下提供第三方支付服務的支付連國際及提供電子支付服務的國際連合併，並以拍付國際為續存公司，實現結合行動支付、第三方支付、電子支付的全方位支付網路，拓展經營業務由原先的信用卡支付平台到提供帳戶轉帳、儲值等金融服務，並結合既有的線上電商平台及線下實體店面消費與繳費購物，P 幣的應用場景隨之增加，數位金融生態系輪廓逐漸成形。

數位轉型主軸

在數據被視為數位資產的時代，企業所擁有的資訊，是企業推出新產品或新服務的根本，諸如利用數據建模以洞察消費者需求，推出個人化服務進而提升使用黏著度或用於開拓新市場。爰此，如何透過異業聯盟與服務整合，以強化對數據的蒐集與使用，進一步開創新服務、新產品、新商業模式，為當前產業實現數位轉型的關鍵。

由行動支付服務開始，拍付國際透過異業合作與內部整合方式，在實現線上與線下消費金融應用場景的虛實整合同時，提供基於用戶消費金融數據為基礎的客製化個人貸款服務，推動拍付國際數位轉型進程。下圖為拍付國際數位金融生態系示意圖。兩個主要作為，包含：

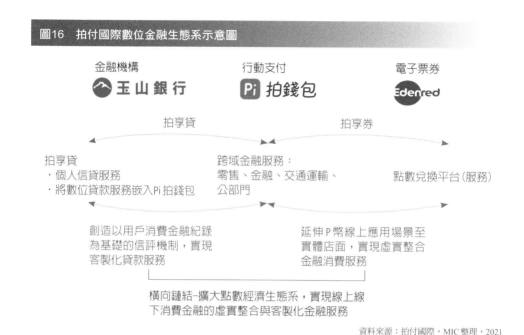

圖16 拍付國際數位金融生態系示意圖

資料來源：拍付國際，MIC 整理，2021

拍享券實現金融消費場景的虛實整合

拍付國際聯手玉山銀行推出「玉山 Pi 拍錢包信用卡」，擴大原先僅能透過 Pi 拍錢包 App 內付款獲得 P 幣的回饋方式至信用卡實體刷卡也能獲得 P 幣回饋；同時，藉由與玉山銀行的合作來提升 Pi 拍錢包 App 用戶數量，強化「P 幣經濟生態圈」；然而，如何讓 P 幣連結實體金融消費應用場景，是拍付國際欲進一步由生態圈拓展為生態系的關鍵。

異業合作是關鍵。拍付國際與電子票券公司宜睿智慧（Edenred）合作，推出「拍享券」點數兌換平台（服務），讓消費者可以直接在 App 內兌換商品券，其概念等於延伸 P 幣的線上應用場景至實體店面消費使用，實現虛實整合金融消費服務，提供消費者更好的客戶體驗並推動 P 幣點數經濟生態系的建立。

拍好貸創造以消費金融為基礎的客製化個人貸款服務

跳脫過往以薪資等財力證明為依據的信評機制，改以消費金融數據評估個人信用評等，為拍付國際推動數位轉型的重要進程之一。Pi 拍錢包以提供用戶便利的支付方式，快速累積用戶的消費與繳費紀錄。此外，註冊 Pi 拍錢包時須填寫基本個資，因此除用戶平時的金融消費紀錄外，Pi 拍錢包亦擁有用戶的基本資訊；然而，在儲存龐大的用戶消費金融數據後，要實現客製化貸款服務的最後一哩路是尋求合作夥伴。

拍付國際與玉山銀行合作，推出線上貸款「拍享貸」服務。「拍享貸」以用戶的消費金融數據為基礎，進行用戶的個人信用評等，藉以提供客製化貸款額度、利率及費用方案。此外，應用 API 將數位貸款嵌入 Pi 拍錢包 App 中，同樣是拓展數位金融服務的重要步驟。用戶若有貸款需求，便可直接透過 Pi 拍錢包 App 查詢貸款方案，並在 App 中一鍵申請。Pi 拍錢包的優勢在於，擁有用戶的基本資料及完整的消費金融數據，因此可以省去用戶填寫相關資料的步驟，並在申請當下快速判斷是否合貸，讓用戶可以快速申請貸款，並完成對保等流程後，不須透過客服即可在線預約撥款時間，減少溝通上的成本耗費，提供無斷點的客戶體驗。

可借鏡之處

點數應用場景的「多元化」為吸客關鍵

「點數回饋」是當前普遍的一種「留」客與「吸」客手段。然而，點數應用場景的侷限性，往往也是業者可吸引的消費族群的限制，如同不同聯名信用卡有各自不同的目標客群。因此，突破「場景侷限性」等同突破可吸引的消費族群限制。

拍付國際以自身的線上點數回饋為基礎，藉由與點數兌換公司合作，實現線上點數（或稱虛擬點數）的實體化，其概念等同延伸線上點數的「價值」，打破過往點數僅能侷限在線上使用的限制，開放消費者得以自由選擇於線上或線下使用。

因此，對於採「點數回饋」的業者而言，成功留客或吸客的關鍵將會由點數本身的優惠內容，轉為聚焦點數本身的價值是否被向外延伸。

發掘消費金融數據的新價值

消費金融數據的應用將是創新客戶體驗的新關鍵；尤其，對缺少與銀行往來紀錄的信用小白而言，消費金融數據不僅可作為非金融服務提供者分析客戶行為、預測客戶需求的用途，甚至可作為金融服務提供者評估客戶信用評等的數據來源。

拍付國際透過與玉山銀行合作，藉由收集與分析用戶的消費金融數據，了解消費者的信用輪廓，依照個人信用評等，提供客製化貸款服務，延伸消費金融數據的使用價值，由客戶需求分析到個人貸款服務，滿足信用小白的貸款需求。

因此，金融服務與非金融服務提供者間的合作關係，已不再僅限於「金流服務」，而是可透過合作方式，以消費金融數據為基礎，創新客戶的金融服務與非金融消費體驗。

3. 以客戶為中心的一站式貸款體驗：實貸比較網

企業發展概況

新愛世科技成立於 2016 年，主要產品為實貸比較網及人工智慧風

控機器人，其中實貸比較網是根據個人貸款資料建立核貸預測模型，能提供大部分銀行的核貸預測。隨著金融數據逐步解封與開放銀行 Open Banking 的風潮興起，透過開放 API 共享金融數據已成為大勢所趨，AlphaLoan 自 2019 年起即透過 OpenAPI 與凱基銀行界接，讓平台會員在比價後直接申請貸款，大幅縮短身分驗整與資料填寫的時間，

2019 年 12 月推出市場首創跨銀行貸款帳單管理的「繳費鬧鐘」功能，使用者透過手機就在同一個服務介面上享受到跨銀行的信用貸款比價、申貸、還款繳費等一站購足式金融服務，使用者還可自行設定在凱基、花旗、匯豐、遠東、玉山、安泰、三信等 7 家銀行的信貸還款日及 28 家銀行信用卡的帳單繳款日。

2020 年 9 月，實貸比較網更獲得 ISO/IEC 27001 及 ISO/IEC 27701 的證書，是第一批通過雙標準驗證的金融科技新創公司，不僅展現金融科技公司在資訊安全與個資保護合規的努力，更可藉此建立與金融業的互信機制。

數位轉型主軸

透過不斷溝通找到與銀行的合作契機

創業初期遇到最大的困難就是如何取得銀行的信任，因為是新創團隊，因此只好透過不斷的溝通與展示，向銀行解釋理念，並透過專業服務贏得客戶的信任以建立口碑。根據 AlphaLoan 實貸比較網在 2020 年 6 月公布的調查數據顯示，實貸比較網預測的個人化銀行信貸額度、利率、通過機率，準確率達 94%，證明透過實貸比較網選擇較佳銀行，有很高的機率拿到更好條件，此外，高達 12% 的使用者表示，目前信用貸款申請程序仍非常麻煩，顯示銀行的信用貸款服務尚有改善空間，因

此，透過開放銀行 Open Banking 的架構，改善使用者體驗為當務之急。

自行建立的演算法與資料庫幫助銀行更全面的了解客戶

目前銀行信貸利率從 2% 到 20% 不等，不同銀行核貸門檻也不同，信貸結果也因人而異，而銀行只提供最低利率作為廣告吸引貸款者。因此，貸款者如果只比較廣告，並無意義，而貸款者如果想知道核貸結果，必須透過調閱聯徵，但若調閱次數過多，不利後續申貸。AlphaLoan 團隊藉由軟體開發與資料分析專長，透過自己建立的演算法和資料庫，參考支付寶、京東白條、ZestFinance 等科技新創的經驗，透過自行建立的演算法與資料庫，協助使用者在不動用聯徵中心資料的狀況下，了解大部分銀行的可能核貸結果，彌補聯徵系統資料的不足，也幫助銀行更全面的了解客戶。實貸比較網的風控系統則是利用爬蟲蒐集電子商務平台的交易紀錄、司法機關紀錄、大學榜單資訊、繳費資訊、社群網站如 Facebook、IG、LinkedIn 等數據，再透過交叉比對分析建構系統模型。目前，實貸比較網的應用場景包括電商平台、無卡分期、P2P 借貸平台及非金融領域的租賃業者。

透過數據創造更多交易機會與商機

發展至今的實貸比較網主要透過兩種商業模式獲利，第一種占七成總營收，只要用戶進行比價後申貸成功，就會以類似仲介的形式向銀行收費。第二種則是數位風控系統，該系統擁有強大的商業潛力，若是順利推廣到銀行、租賃等需要信用評價的市場，協助業者更深入的理解客戶，便能創造更多交易機會和獲利。對實貸比較網而言，透過信用評分模型來創造一站式貸款體驗是最終目標，此外，透過多方納入的數據，協助銀行作為核貸決策的判斷依據，也讓使用者從比較利率、申請貸款

圖17　實貸比較網運作模式

資料來源：實貸比較網，MIC 整理，2021

到撥款，全都在單一介面完成，最後，透過數據創造更多交易機會與商機。

可借鏡之處

掌握完整客戶資訊以精準預測客戶潛在需求

　　金融業者常常面臨客戶的資訊不完整、不真實，且沒有規整在同一個資料庫中的問題，因為對客戶的不了解，造成難以用客戶的角度思考其需求，或是無法精準預測未來行為的現象。換句話說，就是無法蒐集到更完整的數據，也無法將數據做良好的處理及應用。實貸比較網依據目標，利用爬蟲技術進行系統性數據蒐集，包括客戶基本資料、線上及線下交易行為、社群網站數據、網站瀏覽紀錄以及司法紀錄等等。將數據串連起來，在透過深層資料分析系統交叉比對，分析出更清晰的客戶形象。對銀行來說，除了加深對客戶的認識而做出更好的借貸決策，增加交易機會外，也可以利用客戶全面的數據，預測其潛在需求及未來可能交易的時間點，更精準地進行其他金融產品推廣、交叉銷售與向上銷

售，吸引更多客源與商機。

以客戶為中心思考產品設計提高客戶滿意度

實貸比較網打造出風控系統，利用數據進行風險監控和偵測。在大數據時代下，蒐集的資訊越全面，對客戶未來違約可能性的預測越準確，且其風險管控越有效。開放資料與大數據蔚然成風，金融業需要思考社群徵信數據的可參考程度，除了企業在融資、授信前的網路輿情分析，降低倒帳、呆帳的風險，更需要注重客戶的想法，站在顧客的角度去思考，透過以客戶為中心思考產品設計來提高客戶滿意度。

藉力開放銀行創造金融機構、金融科技業者與消費者的三贏局面

隨著開放銀行即將邁入第二階段，客戶的帳戶資訊不再是銀行獨有，聯徵中心更規劃於 2021 年啟動第二資料庫，涵蓋政府機關開放資料、聯徵中心加值後的信用相關資料、聯徵中心自製的虛擬資料庫，以因應金融科技公司在 KYC 及徵信的需求，並透過 200 分到 800 分的分數區間，提供業者作為信用風險判讀依據，而業者則可透過大數據分析快速鎖定目標客群並挖掘潛在商業機會，對於金融業者來說，透過資訊串接與數據分析，進一步辨識低信用風險與高資金需求的用戶，快速鎖定目標客群、精準核貸，創造金融機構、金融科技業者與消費者的三贏局面，達到普惠金融的願景。

4. 小資族群的債券投資之路：湊伙

企業發展概況

　　以「金融商品團購平台」為名，湊伙股份有限公司成立於 2018 年，同年進駐財團法人資訊工業策進會執行的 FinTechSpace 金融創新基地。

　　由前投信基金經理人、前外商銀行經理與前台積電工程師組成的湊伙團隊以科技創新模式辦理證券經紀與自營業務，提供消費者團購國內外債券之服務，並於 2021 年 1 月中旬正式上線。根據金管會規範，沙盒實驗為期一年，期間，每人最高能申購的債券團購總額為新台幣 25 萬元或等值美元；非專業投資人僅能購買信評 A －以上等級之債券。平台服務同時採區塊鏈技術紀錄交易資訊、並攜手第一商業銀行透過信託保證機制，保護消費者資產的同時亦提升服務信任度。

　　湊伙債券團購平台除了為第二家 FinTechSpace 團隊獲准進入沙盒試驗者，亦為金管會繼 2020 年公告「金融科技發展路徑圖」以來首宗核准的金融創新實驗申請案。

數位轉型主軸

　　2020 年新冠肺炎疫情席捲全球，舉世經濟受創。然而我國防疫有成並在市場經濟面逆勢成長，大開國際能見度並再現榮景。其中，由一枝獨秀的台積電領航的台股市場近期可謂熱鬧非凡，更吸引了大量散戶湧入。

　　然而現時一張上看新台幣 65 萬元台積電股票，對於不少散戶中的

小資族群或是股票新手而言確有其門檻存在。隨著盤中零股與定期定額制度的出現，小資族群逐漸可以可負擔的形式成為台積電的股東；而相同的窘境也出現在債券投資領域。

由此切入，湊伙借眾人之力打開新的市場應用。

攜手傳統金融機構提升資產安全性

都說金融科技的推動上少不了新創公司的色彩，然而對於一般消費者而言，相對於將大筆資產乃至於自身身家交付與一個橫空出世的新創公司，傳統的金融機構顯然更為可靠。為了提升消費者對湊伙服務的信心，在金流服務上，湊伙攜手第一商業銀行（下稱一銀），採金錢信託的模式將消費者的資金與湊伙自有資金做出區隔；另外，在試驗期間湊伙也會採金錢信託模式在第一信託帳戶中存入 400 萬元保證金以提供消費者多一層保障。

除了信託服務以外，一銀也在合作關係中協助認識客戶（Know Your Customer, KYC）的環節；因此採用湊伙服務的消費者需開立並綁定一銀的數位帳戶 iLeo 始能進行相關操作。

導入創新投資應用與新技術驅動之信任機制

由技術創新面來看，湊伙善用了區塊鏈的「不可竄改性」大幅優化傳統金融信託的運作模式。大部分的銀行信託在執行的狀況下，必須透過人工勘驗的方式確認委託人的指示是否與信託目的與契約相符。然而，當交易方式高次數但交易金額較小的時候其實此種作業模式是相當不符合成本效益的。透過區塊鏈技術的應用，湊伙將消費者的交易紀錄、團購標的等資訊全數上鏈，並同步分享給一銀的區塊鏈節點。除了可以使交易紀錄透明化，亦可進一步的節省人工查核成本，可謂一舉數

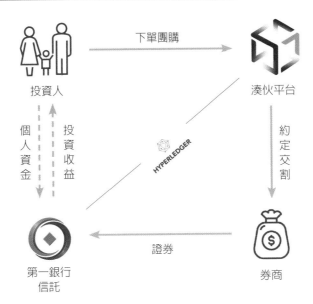

圖18 湊伙平台的服務模式

下單團購

投資人

湊伙平台

個人資金 / 投資收益

約定交割

HYPERLEDGER

第一銀行信託

證券

券商

資料來源：湊伙平台，MIC整理，2021

得的技術應用。

可借鏡之處

集眾人之力創造新的投資模式

當金融科技的浪潮正席捲著所有金融產業，銀行領域中可見支付、跨境匯款等創新應用；保險領域中則有聯網裝置保單、智慧核保等運作。在投資管理領域裡，理財機器人的應用已行之有年；湊伙提出的新興應用，無疑為產業帶來不同的氛圍。

「生活中總是會有障礙阻擋住前進的道路，而自己微小的力量雖難以跨越眼前的高牆，但若是集結眾人之力，即使是再高大的城牆也都能

撼動。」此番言論擷取自湊伙官網。團購與群眾募資的出現最初是為了滿足消費者希望以更實惠的價格購得理想商品或實現某種創新應用；以金融產業的角度來看，更優質的投資標的往往具有較高的取得門檻，對於一般散戶與小資族群而言顯然難由一己之力為之。

都說時勢造英雄，整合金管會在監理沙盒的開放、社會對於團購與群眾募資的迴響，湊伙發展出的英雄之路能走得多遠仍未確知，然而其推出的創新應用確實帶給市場全新的思維。

利基於傳統金融機構發展將提升新創能見度

對比國際金融科技發展趨勢，我國現今並未誕生出能與傳統金融機構相提並論之金融科技新創；常見於國內報章雜誌之金融科技創舉，也多由大型傳統金融機構主導。

誠然，金融科技之本質可謂以金融服務為核心後導入科技進行創新應用，故而由金融產業主導具其合理性；然而，金融產業除了於我國為高度受監理之產業，一般行之有年的傳統金融機構相對於數位原生之科技新創，在轉型與科技應用上仍具有其過去至今所積累的包袱。是故細觀對技術與創新層面的兼容性，新創公司未必遜於傳統金融機構。

興許金融科技於我國行至中盤的樣貌，應如今日觀湊伙與一銀之合作：能見傳統金融機構借重於新創之動能，而新創也能因此獲益於提升能見度與消費者信任。畢竟穩當的市場發展，應仰賴傳統與創新的持續競合方能達成平衡。

06
轉型推手業者案例解析

　　金融科技的發展絢爛至今，國內外的終端市場多半皆獲益於科技所帶來的創新金融服務。然而在發展的過程裡，相關服務已不再由單純的金融業者所提供，而是開始可見金融業者借重金融科技業者之力，或是與大型資訊廠商展開強強聯手；甚至在國際間，已可見科技巨頭問鼎於金融市場之趨勢——舉凡如今應用廣泛的 Apple Pay、Google Pay 以及甫出現於市場即造成轟動的加密貨幣 Libra 等皆是顯著的案例。

　　雖然科技巨頭問鼎於金融市場的號角尚未於我國吹響，金融科技新創的發展亦還有很長的一段路要走；然而，無論金融產業本身的運作或終端消費市場的服務提供，誠然已見不少大型資訊廠商協力的色彩。

　　本章節將依序解析捷智商訊如何提供法遵科技技術協助產業回應監管需求、提供模組化數據分析服務的國際大廠 SAS、專注提供雲端訂閱制服務的精誠資訊、利基於人工智慧與物聯網解決方案以供各垂直領域應用的 NEC，以及賦予創新金融服務最後一道防線的博斯資訊。

1. 致力金融業科技法遵之支援：捷智商訊

企業發展概況

捷智商訊成立於 2000 年，初期聚焦提供企業資料倉儲（Data Warehouse, DW）、客戶關係管理（Customer Relationship Management, CKM）與商業智慧（Business Intelligence）解決方案服務；近年，因應市場對金融監管需求，拓展服務領域至法遵合規管理，涵蓋：法規報表、洗錢防治、法遵管理、API 法報自動申報、及 FATCA 與 IFRS 系統設置，成立至 2020 年，已服務超過 50 家企業（包含：政府機構，例如：金融監督與管理委員會與中央存款保險公司），完成 200 多項專案設置計畫。

因應近年金融多元服務發展態勢，捷智商訊以承先啟後為理念，承資料管理基礎，疊加新興技術應用，後推動服務轉型，由系統設置朝提供模組化 SaaS（Software as a Service，軟體即服務）與代管服務方向持續邁進。

如何推動產業數位轉型

捷智商訊推動服務轉型的起點，可回溯至 2008 年。2008 年全球金融海嘯，衝擊金融市場穩定運作，同時凸顯監理機關應加強對銀行等金融機構的監管重要性。在此氛圍下，法規更迭快速是金融海嘯後監理機關落實金融監管的手段；同時，新興技術（例如：AI 與大數據）的成熟，及金融科技（FinTech）發展下新藍海（亦即，新興金融服務提供者）

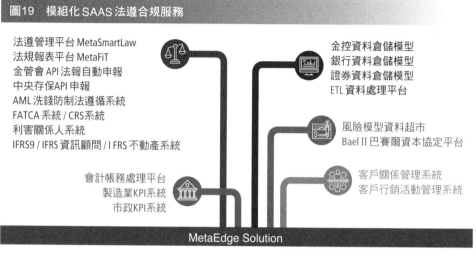

圖19　模組化SAAS法遵合規服務

法遵管理平台 MetaSmartLaw
法規報表平台 MetaFiT
金管會 API 法報自動申報
中央存保 API 申報
AML 洗錢防制法遵循系統
FATCA 系統 / CRS系統
利害關係人系統
IFRS9 / IFRS 資訊顧問 / IFRS 不動產系統

金控資料倉儲模型
銀行資料倉儲模型
證券資料倉儲模型
ETL 資料處理平台

風險模型資料超市
Bael II 巴賽爾資本協定平台

會計帳務處理平台
製造業KPI系統
市政KPI系統

客戶關係管理系統
客戶行銷活動管理系統

MetaEdge Solution

資料來源：捷智商訊，MIC 整理，2021

的浮現，促使捷智商訊開始思考，如何基於既有的資料管理服務，結合新興技術的應用，以靈活的方式提供金融監管與法遵合規服務 - 模組化 SaaS 解決方案是捷智商訊的創新服務模式，提供客戶彈性法遵合規選擇。模組化 SaaS 服務如下圖所示。

　　捷智商訊認為，解決方案供應商不應僅是提供技術服務，而是應以如何為客戶創造價值為出發點，利基於客戶價值的永續經營及提供彈性解決方案的選擇。

聚焦客戶價值創造

　　由提供自動化解決方案開始，透過降低客戶的人力成本支出，優化企業法遵合規管理程序，實現客戶價值創造。兩個主要作為：

1. 運用新興科技提供客戶更好的商業決策

　　面對金融法規更迭變動快速，如何協助客戶即時掌握法規變動、解析法規內涵、及進行法規與企業內規關聯分析，以做出精準商業決策，

是實現客戶價值創造的重要環節。捷智商訊以 AI 為底層技術，為客戶提供自動爬網蒐集最新法規載入，減少客戶資訊蒐集時間成本，同時提供新舊法規內文比較，縮短人工檢核時間，解析法規與客戶內規的關聯性，採自動通報相關業務單位方式，針對法規變更自動以案件列管，提供案件處理狀態追蹤與處理結果自動紀錄，精簡人工作業成本、避免人工作業失誤，實現精準商業決策，為客戶的法遵合規帶來全面性效率改革。

2. 流程自動化實現更好法遵合規管理

　　機器人流程自動化（Robotic Process Automation）是精簡企業人力成本支出，詮釋新興技術應用突破傳統困境的最好範例。以金管會於 2020 年 1 月採行的 API 金融檢查自動排程為例。金融機構過去申報資料到金管會，都是透過人工轉檔作業申報，繳交超過 300 張法規報表，涉及 20 個以上單位溝通，每月至少花費 10 天處理申報資料。

　　捷智商訊以資料整合平台即申報服務的概念，結合自動資料整合（跨部會資料合併）、自動提示申報排程及自動檢核警示，以單一平台完成法規報表產製，並藉由介接金管會 API 方式，協助金融機構直接傳遞法規報表，取代傳統人工產表作業流程，實現低人工作業、高自動化流程、效率化法遵合規管理目標。

提供彈性服務選擇

　　由過往的內部部屬（On-Premises）服務到雲端服務模式發展，面對法規迭代快速，敏捷式合規與彈性化服務選擇是當前趨勢，也是小微企業降低營運成本的生存之道。兩種主要彈性服務模式：

1. 模組化 SaaS 服務提供自由選擇

　　在金融機構的法遵合規管理中，法規管理、法規報表申報及洗錢防

治三項,是金融機構與新興金融服務提供者所必須共同遵守的項目。然而,在考量不同客戶的系統設置差異與系統設置規劃進展不同,就會存在技術服務需求上的差異。

捷智商訊採模組化方式提供法遵合規 SaaS 服務。金融機構可依據自身需求選擇所需的法遵合規解決方案,以最精簡人力方式完成法遵合規管理工作。而此服務模式,與當前開放銀行下 BaaS(Bank as a Service,銀行即服務)服務概念相似,同樣是由第三方業者來提供服務,前者是以客戶角度提供彈性購買服務,後者則是銀行授權服務方式,但兩者都是採模組化形式,以實現精準服務為目的。

2. 代管服務有助小微企業降低成本

就新興金融服務提供者而言,不論是支付、借貸或理財服務,法遵合規同樣是必要的合規成本支出,然而卻有可能變成阻礙或限制新興金融服務發展的障礙之一。

可以理解的是,新興金融服務提供者大多為小型或微型企業,其營運規模與可用資金不如金融機構完備;因此,在追求落實法遵合規管理下,就會發生成本與效益不平衡的問題。而捷智商訊提供代管服務,在免除軟硬體設備設置成本、運維成本及人力聘用成本下,允許新興金融服務提供者將法遵合規管理委外,實現成本最小化、效益最大化目標。值得注意的是,金融科技浪潮下,新藍海的出現,代表新商機,也意謂解決方案供應商需要提供更靈活彈性的服務收費方式。

可借鏡之處

誰可以創造收益大於成本的效益就等同擁抱新藍海

金融科技發展下,新興金融服務的出現,例如:以大眾為主體的社

群轉帳、身分識別、微型貸款，或是以中小型企業為服務對象的融資借貸等，意味解決方案供應商將擁抱龐大的新藍海，但在面對新市場的同時，應思考的是：「解決方案如何受到新興需求者的青睞？」。

可以理解的是，如何透過新興技術的應用來滿足不同的法遵合規需求，是一個需要時間但可以被解決的問題，解決方案供應商應該聚焦，如何說服新興需求者，其所提供的解決方案可以創造收益大於成本的效益，才是解決方案開發與客戶價值創造的重要關鍵。

即時監管與敏捷式合規是必然趨勢也是挑戰

金融科技發展促使監理機關啟動監理沙盒機制，目的係為提供安全的試驗場域，以防範風險外溢；法規的迭代更新，則是為加強對新興金融服務提供者的監管及確保金融市場穩定；而解決方案供應商則是扮演協助監理機關的監管優化與新興金融服務提供者合規高效的關鍵角色。

然而，金融科技的高度創新與成長，促使法規變動快速，同時金融服務的即時性，也讓監理機關必須採取相應的即時監管措施；亦即，金融科技發展、法規更迭快速、即時有效監管，三者互相鏈結。因此，即時的有效監管與敏捷的法遵合規，是解決方案供應商在面對當前金融服務發展下，提供監理機關與被監管者服務的重要能力，同時也是挑戰。

彈性化服務將成為主流的法遵合規服務模式，也是創造解決方案價值的方式

呼應前述「成本與收益平衡問題」與「即時監管與敏捷合規要求」兩項論點，解決方案的目的是協助被監管者創造收益大於成本的效益（亦即，客戶價值的創造）及實現有效即時監管與高效敏捷合規。然而，解決方案的提供方法（或可理解為解決方案的收費方式），是影響解決

方案是否可以被採納的重要考量因素之一。

　　捷智商訊透過提供模組化 SaaS 與代管服務方式，在因應傳統金融與創新金融業者並存的市場環境下，讓被監管者可依據自身的需求，例如：企業規模、資金預算及是否有設置自有系統等，選擇適合自身的服務提供方式。可以理解的是，彈性靈活的服務交付方式，是因應當前市場環境，讓解決方案被需求者所接納，進而發揮解決法遵合規問題的效益。

2.以數據分析驅動產業轉型：SAS

企業發展概況

　　SAS 於 1976 年創立於美國，總部位於北卡羅萊納州，為一間跨國軟體研發私人公司，專注於提供數據分析解決方案，涉及領域涵蓋：銀行、通訊、教育、醫療保健、保險、製造、零售及公用事業等，客戶遍及全球 149 個國家，服務超過 83,000 間企業、政府及大學；2017 年「財富」全球 500 強企業中，前 100 名企業有 96 間是 SAS 的客戶；而 SAS 台灣分公司則成立於 1989 年，服務國內超過 500 間企業。

　　2020 年 6 月，SAS 宣布與微軟成為策略夥伴，將以雲端分析與 AI 協助企業數位轉型；合作方式，將把 SAS 的分析產品與產業解決方案移轉到 Microsoft Azure，讓 Azure 成為 SAS Cloud 的首選雲端供應商；而 SAS 的產業解決方案也為微軟於金融、保險、醫療及其他產業的客戶帶來附加價值。

　　同（2020）年 6 月，SAS 亦宣布與 KPMG 將共同打造雲端加速中心，目標為協助企業從設計、建立架構到落地執行，將其業務移轉至雲端，

提升企業營運效益；綜合觀之，SAS、微軟及 KPMG 的三方合作，已形塑數位轉型解決方案供給生態系，各自扮演解決方案、雲端服務及支援協助角色，形成三贏局面的共創共生。

如何推動產業數位轉型

在全球的數位轉型競備大戰下，追求作業或服務流程的敏捷／靈活、自動化、智慧化，是企業「存活」的關鍵。相對的，站在解決方案供應商角度，以「輕量化」且「靈活」的方式提供企業所需的解決方案，是協助企業革新對數據的生命週期管理與數據分析的洞察力，以滿足企業對數位轉型需求下，基於成本有效以創新客戶體驗的一種服務新思維。

SAS 以提供數據分析服務為起點，在因應巨量數據時代及以 AI 為核心的新興技術應用普及化，SAS 也正在尋求服務提供方式的轉型，朝向具備「靈活性」介接、「互動式」操控、「模組化」服務選擇的方向前進，例如：SAS 於 2020 年提出的「SAS Viya® 4」就是一種全新的服務模式架構，著重服務提供的靈活、彈性及高度移動性。此外，解決方案應用場景的向外延伸也是 SAS 拓展市場新藍海的作法；如同 SAS 的願景所述：「創造適合所人、所有地點的數據分析。」。主要作為，包含以下兩項：

「簡易、互動、視覺化、自由選擇」的服務本質創新

聚焦大數據、AI、雲端運算等技術的融合應用，透過持續整合、持續交付與部屬（CI/CD）的作業方式，是 SAS 強化自身數據分析能力及確保服務更新的持續性與即時性辦法。然而，在擁有強大的數據分析與管理服務能力下，如何將服務的「價值」以有益於客戶的方式，向下延

伸至用戶端，是解決方案供應商優化客戶體驗的關鍵之一。

SAS 採用 API 介接方式，允許企業以更便捷的方法獲得所需的服務，實現「服務與軟硬體設備」的脫勾；企業對於服務的獲取不再侷限於軟硬體設備的「場址」，而是藉由 API 隨時獲取與使用所需的服務；其次，具「互動式」的軟體操作介面，突破技術與使用者的隔閡，讓過往以技術導向的使用者體驗，轉換為用戶導向的軟體操作，配合視覺化分析結果呈現，讓非技術專才的用戶得以更容易操作軟體。

第三，模組化服務提供企業靈活選擇彈性。過往以「package」方式銷售服務的模式，已不適用於當前講求分工與精準服務的商業環境；相對的，SAS 將解決方案以模組化的方式提供給用戶端，讓企業得以依據自身需求選擇所需要的服務，符合企業以成本有效與最低成本方式尋求解決方案的基本原則。

圖20　SAS Viya 概念架構圖

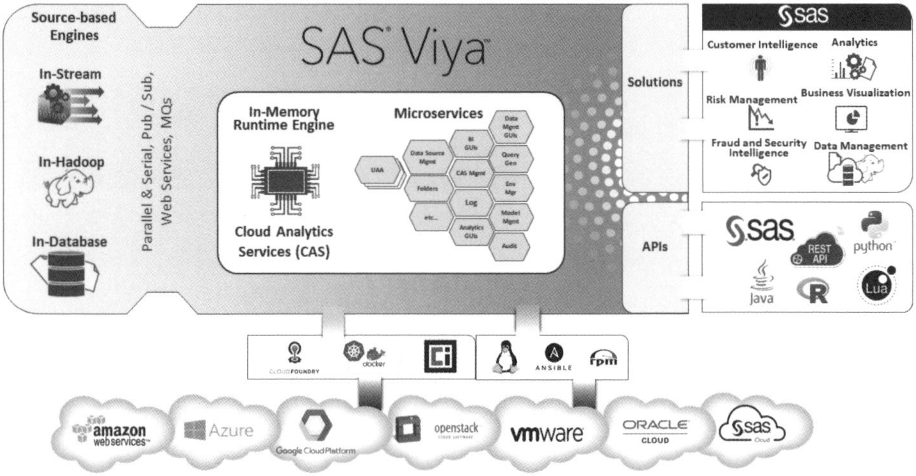

資料來源：SAS，MIC 整理，2021

由商業應用場景到人性化服務應用的思維轉變

數據分析是挖掘數據「價值」的重要過程，諸如：資料探勘、統計分析等都是為探索數據中所隱含的意義，尤其在商業應用場景（例如：銀行、保險、製造、零售等），數據分析已經具有相當的歷史與成果；然而，由商業應用跨界至以人為本的應用場景，雖然或都採用相同的分析技術，但卻存在截然不同的分析目的，且其所代表的是思維轉變下的新藍海。

SAS 基於過往數據分析經驗，結合 IoT 數據蒐集與 AI 數據分析技術應用，由過去聚焦商業應用、分析用戶行為與需求，向外延伸至基於滿足人性需求的應用，分析用戶的習慣，提供基於「人性」的解決方案：例如：SAS 與汽車製造商合作，分析用戶開車習慣，開發更貼近人類需求與互動方式的未來汽車，或是藉由分析穿戴式裝置所蒐集的生物特徵資料，協助病患掌握健康狀況等智慧醫療場景，讓 SAS 由商業解決方案的提供者擴展至新藍海 - 以人為本的解決方案提供者。

可借鏡之處

「輕」服務，有助於開拓以新創公司為首的「第一個新藍海」

在開放銀行、開放金融倡議推動下，FinTech 新創產業與第三方金融服務業者的崛起，都是國際當前金融服務多元化發展的成果。

但不論是 FinTech 新創產業或第三方金融服務業者，數據的應用與價值的產出，都會顯著影響其經營成效與合規性。可以理解的是，對於 FinTech 新創公司或第三服務業者而言，在公司初創期間，人力與資金相較傳統銀行較為缺乏，但遵循法律規範（例如：KYC、AML/CFT）仍有其必要性。爰此，如何以低成本、快捷且具高效率與有效性的方式

滿足新創公司與第三方業者對數據分析／法遵合規的需求，是解決方案供應商在面臨全球數位轉型競賽下應該有的新思維。

　　SAS 透過模組化方式，允許企業依據自身的需求選擇適當的服務，符合以成本有效的方式協助企業滿足對數據分析／法遵合規的需求；同時，藉由提供簡便的服務介接方式，創造服務不受「場址」限制下，也避免企業軟硬體設備設置高額成本的支出；可以理解的是，「輕」服務的商業模式讓 SAS 擴大既有的市場範疇，由過往僅聚焦在大企業轉而納入更多新創公司，而形成第一個新藍海。

解決方案領域的擴張，由商業應用拓展至以人為本的應用場景，將開啟第二個新藍海

　　解決方案提供商過往多專注於大型企業、政府部門及學校等規模較大的機構，作為優先服務的對象。但可以理解的是，不同的應用場景，雖然採用的數據分析技術或都相同，但「以人為本」的數據分析與應用，是一種站在市場端，以用戶為主體的服務供給，與過往站在企業角度提供解決方案的思維全然不同。

　　「以滿足人類需求」為出發點的解決方案，同樣需要借助數據分析工具的應用，來分析用戶的習慣，例如：SAS 與汽車製造業合作，透過分析駕駛的開車習慣，以在未來可開發出更符合民眾需求的未來汽車；而與醫療機構的合作，SAS 可以透過分析穿戴式裝置所紀錄的生物特徵數據，讓病患掌握自身的健康狀況，這些都是以人為本的應用場景拓展。

　　最後，由前所述可知，解決方案供應商對於數據分析工具的應用，除了以「了解客戶行為、預測客戶需求」的商業應用場景，同樣可以轉換（或稱擴展）至基於滿足民眾需求的「以人為本」解決方案的提供，

進而形成第二個新藍海。

3. 建立數據生態圈立足未來金融：精誠資訊

企業發展概況

　　精誠資訊成立於 1997 年，主要提供企業建置規劃、諮詢顧問及維護等服務，業務涵蓋金融服務、系統整合與加值服務等，主要產品為包含智慧零售解決方案、智慧金融解決方案、智慧政府及醫療服務平台。

　　視金融科技為未來三年金融產業最大的變革，並憑藉著與金融產業合作超過四十年的豐富經驗，精誠資訊近期聚焦於提供證券／期貨業、銀行業、保險業客戶包括 AI 反洗錢、理財機器人與報表平台暨資料分析等創新解決方案，冀望持續於後疫情時代協助金融產業夥伴形塑「韌性企業」。

如何推動產業數位轉型

　　遠在疫情以前，各產業對於數位轉型的討論與應用無論進程，業已行之有年。2020 年疫情爆發，無疑地助長了所有產業對於數位轉型的迫切需求。作為國內軟體大廠之一的精誠資訊，除了重新將自身企業定義為「a Data Software Company」，也同時意識到智慧金融時代的來臨，積極以資訊服務業者的角色支援金融產業客戶迎接變革。

發展雲端訂閱服務打造全新商業模式
　　隨著金融產業逐漸將各項業務線上化，相應而生的是企業對於雲端

服務的需求與日俱增、以及監管單位對於業務風險提升的關切。針對國內的銀行、保險、證券／期貨三大類重要金融業客戶，精誠資訊推出雲端 AML 解決方案。除了協助產業快速開通服務，並整合第三方廠商資料庫以利針對消費者進行風險評估，訂閱型計價的「軟體即服務」模式可以在合規範疇內依照客戶需求即時增修系統功能，推動金融業大幅降低合規成本。

基於對雲端服務需求所帶來之經濟效益的看好，精誠資訊也在 2020 年推出自行開發的新品牌「GARAOTUS Cloud Platform」，整合訂閱制特色與高速運算優勢降低企業部署門檻。此外，精誠資訊也將於 2021 年第三季再次推出全新訂閱制雲服務平台，預估將初步提供 80 項自有雲端服務解決方案，協助金融產業提升資安防護。

持續擴張打造資料生態體系

除了開發自有品牌與代理海外解決方案，精誠資訊近年來也積極透過投資持股的方式攜手同業以擴大營運版圖。自 2018 年以來，精誠資訊陸續與敦新科技、鼎盛資料、台灣資服、藍新資訊、宜誠、銓鍇等資服同業展開合作，而相關投資購併所帶來的效益也陸續在 2021 年第一季起逐漸得以實現。

在諸多商業舉措中，除可見精誠資訊意圖持續強化並整合雲端服務的技術能力，也同時提升在不同產業的立足點。諸如於 2018 年併購的鼎盛資料即是聚焦網銀業務商機而採取的合作，2020 年併購的宜誠則將其服務範圍擴大至政府單位與文化產業。

可借鏡之處

鎖定產業的「隨需」應用

在現有的金融創新應用中，除了保險業出現了隨需保單，繼 LINE BANK 推出刷卡優惠自選的創新服務後，國泰世華銀行亦隨後跟進，為銀行的信用卡業務打開了新的「隨需」應用序幕。

然而，不僅是消費者市場對於產品服務出現了彈性調整的期待，由數據分析與高速運算等創新技術所驅動的產品與服務，也逐漸驅動作為供給端的金融機構在開發與維運成本上再次聚焦。

以共榮生態系創造互惠契機

隨著人工智慧、區塊鏈、雲端、大數據、虛擬實境等新興科技逐漸成熟，衍生出許多創新服務與商業模式，如何融入多元生態系統，創造互利互惠合作關係，是產業持續發展的重要思維。資服業者能否整合軟體、硬體、內容、服務並建構生態系統，將是競逐新經濟市場的重要關鍵。

產業的發展已從過去的數據孤島，演進到跨界服務的平台模式。在此趨勢下，能夠整合軟體、硬體以及掌握相關垂直領域知識，並讓生態系夥伴共同創造利益，進而帶來商機。

4. 深化生物辨識技術卡位數位金融入口：NEC

企業發展概況

NEC 成立於 1899 年，為大型系統整合業者，服務範圍從諮詢到系

統設備建置及運用管理。NEC 在 1960 年代開發信件收件人判讀設備伊
始，便持續投入 AI 相關應用開發。

2016 年 7 月，NEC 將 AI 相關技術整合，推出應用平台「NEC the
WISE」，涵蓋「可視化」、「分析」、「應對」等 3 大類 23 項 AI 技術，
且可依照顧客需求從平台中挑選合適技術來提供顧客解決方案。

近年因應金融服務數位化轉型趨勢對數位介面的資安需求，NEC 投
入大量資源積極推動生物辨識解決方案的創新，諸如：透過平面照片即
可完成使用者身分識別與遠距虹模辨識等，強化其在生物辨識技術的應
用能量。2021 年併購以財富管理技術見長的金融科技公司，積極以數
位金融解決方案供應商為定位，尋求 NEC 在金融領域發展的契機。

如何推動產業數位轉型

數位金融發展所衍生資安保障的需求，是金融業與消費者所共同面
臨的關鍵議題。為此，解決方案供應商就扮演關鍵角色，在全球推動金
融數位轉型下，提供適切的資安防護技術支援，NEC 就是當中的佼佼
者，以自身 ICT 技術研發能量為基礎，拓展至 AI 等技術創新應用，提
供符合市場需求的高精準度生物特徵辨識技術，可謂 NEC 近年具代表
性的發展主軸。

打造從 ICT 技術到全方位的企業整合服務

過去 NEC 的營運策略是以 IT 為導向，透過傳統應用程式及基礎架
構結合網際網路，提供客戶各種資訊應用服務。而這波疫情後的新常態
正從三方面加速社會的數位變革，包含生活方式、工作方式和營運方
式，遠端工作成為標準的工作方式，因此，打造從 ICT 技術到全方位企

業整合服務的最佳整合服務提供商為 NEC 的發展定位，營運策略也從 IT 導向轉為以業務為導向，發展雲端服務，並透過彈性敏捷的基礎架構，搭配無所不在的網路提供企業數位轉型的解決方案。

無密碼資安解決方案 - 生物特徵數位金融解決方案

傳統密碼安全漏洞多，即便配合雙因素或多因素驗證等技術以加強用戶資訊安全，但網路攻擊事件仍層出不窮，唯一可避免密碼被竊的解決方案，就是利用具獨一性的人體特徵生物辨識技術。

NEC 針對數位金融高階資安需求，推出臉部辨識與遠距虹膜辨識技術。相較其他業者所開發的臉部辨識技術需要用戶轉動臉部，以採集多個臉部特徵，NEC 強調僅須透過照片，配合 AI 演算，即可完成用戶身分識別，為當前追求零接觸金融服務提供更好的金融犯罪防禦力與更佳的客戶體驗。

去中心化個資解決方案 - 區塊鏈數位保險箱

個資安全保護往往需要金融業者投入大量人力與資金成本，但仍無法完全避免因為人為失誤或設備失靈，所導致客戶權益受損與金融業者名譽侵害的問題，而基於區塊鏈的個資儲存解決方案，正可解決金融業用戶的身份資料保管問題。

可以理解的是，金融業手上握有大量用戶個資，在追求數位經濟發展的當前，用戶數據就是最重要的數位資產。NEC 基於區塊鏈技術提出數位保險箱解決方案，其概念是將使用者個資碎片化後上鏈，實現去中心化的個資安全保護，且配合生物特徵辨識技術的應用，讓用戶可透過臉部辨識方式，管理自身個資資訊，實現金融業的營運卓越與客戶體驗革新目標。

可借鏡之處

鎖定金融領域的各項安全商機

　　金融領域是備受關注、高度監管的行業，隨著數位金融的發展持續拓展，帳戶認證、個資保護、數據運用、多元支付均伴隨著複雜程度不一的安全議題，自是為相關資料保護、身分認證等業務帶來發展的契機。

　　NEC 本是諸多大型金融業者熟悉的資訊解決方案供應商，憑藉此一累積多年的品牌優勢，與既有核心業務的位置，順勢朝各項金融安全業務發展，支持客戶數位金融業務的發展，以持續鞏固其在既有客群中的地位。

發展無接觸技術開創後疫情時代市場新藍海

　　智慧科技解決方案在疫情開始後受到重大關注，無接觸科技也可打破以往需要人與人近距離交談、辦公或服務的限制，例如：將虹膜辨識技術運用在數位金融服務，消費者就算戴著口罩也可以辨識其身分資訊，或將臉部辨識技術運用在提款機，讓消費者不用接觸卡片也能完成提款、匯款等基本金融業務，大幅革新客戶體驗與金融業者的營運效率與安全性。業者如能進一步分析各種場域的需求，將生物特徵辨識、區塊鏈等新興技術結合更多系統應用並進一步搭配 AI，打造各種智慧應用解決方案，相信必能在後疫情時代開創市場新藍海。

5. 金融資訊安全後盾：博斯

企業發展概況

　　博斯資訊安全（以下稱博斯）成立於 2018 年，為國內專注資訊安全保護的新創公司，以區塊鏈技術為基礎，開發「資料安全保存」與「分散式身分識別」兩項雲端服務解決方案。

　　成立 2020 年，博斯已與眾多科技大廠合作，諸如與甲骨文合作，將博斯的資料安全保存解決方案導入甲骨文的雲端服務，提供甲骨文客戶更安全的雲端使用環境；與馬來西亞 Hitachi Sunway 合作，共同打造資料儲存平台與身分認證平台。

　　此外，博斯也參與國內由國家高速網路與計算中心主導的開發計畫，負責提供分散式身分識別技術；同時也與國內另一間資安公司果核數位合作，開發適用於遊戲與金融客戶的資安解決方案，現階段也正在與國內晶圓代工大廠洽談合作。

如何推動產業數位轉型

　　科技的發展往往伴隨高度的內外部資安風險。在以大數據、AI 為主角的數位化時代，所帶給企業的是革新的數據洞察力，尤其是結合雲端服務的應用，徹底轉變企業的作業方式，由過往的固定式作業轉變為移動式作業；同樣的，對用戶而言，藉由企業提供的雲端服務可以得到更好的客戶體驗。

　　然而，在數位化服務不斷普及的背後，卻也存在資安隱憂。2018

年 Facebook 與 Google 兩大平台的個資外洩事件就是一記警鐘，代表的是在強調數位化服務所創造的便利性下，新興技術如何應用於強化資料安全與個資保護。

作為國內資安領域新創公司代表的博斯，就嘗試透過區塊鏈來解決企業與用戶對資料安全與個資保護的疑慮；但「資安服務」不是博斯的專利，究竟該如何創新才可異軍突起，是本文探討的主要目的。博斯的兩項主要創新：

區塊鏈應用是關鍵，但結合身分登錄管理才是實現資安保護的三重保障

資料安全與個資保護是跨產業、跨國界的需求，尤其在面臨產業本身特性所衍生的根本性資安問題時，將是資安保護的痛點，但也就是商機。

以遊戲營運商為例，其遊戲產業的特性是提供簡單的方式讓玩家可以登入，但結果是讓駭客也方便登入，破解資安、勒索遊戲營運商；同樣的，對於推動數位轉型的企業而言，資料上雲是最簡便且符合移動作業需求的數位轉型作法之一，但雲端儲存也存在資料遭駭的風險。

博斯以「企業數位治理」概念，結合「資料儲存」、「身分認證」、及「行為授權」三項功能，推出「資料安全保存」解決方案。技術內涵，是將終端用戶要儲存在雲端的資料予以「加密、碎片化、再加密、分散儲存」方式，強化資料安全的保護，同時結合生物特徵辨識的身分識別技術應用，對使用者的身分進行認證，並對使用者的行為權限進行控管，將資料的重要性進行分級，達到資料安全的三重保護。

「國際標準 × 雲端服務」創造服務的國際化

新興解決方案有助於突破既有的產業痛點，但如何被廣泛接受，才

是解決方案的「價值」被向外延伸的關鍵，而連結國際標準是獲得國際暢遊門票的辦法之一；可以理解的是，經過國際標準驗證的解決方案，會有助於獲得國際級廠商的認可。

博斯的「分散式身分識別」解決方案，符合全球資訊網協會 W3C 訂定的分散式身分識別（Decentralized Identifiers, DIDs）規範，在各國都可以使用，且配合雲端化的服務模式，等同打開國際大門，解決方案將不受標準適切性與應用場景的限制。

可以理解的是，在數位轉型時代，當前的作業方式已由過去的 PC 轉為行動裝置，跳脫「場域」的侷限性，工作與場所已逐漸脫鉤，更加凸顯雲端服務的必要性，而與國際標準的連結，則是打破傳統「標準限制」的有利辦法。

圖21　BaaSid 資安防護三重點

資料儲存

如今的數位資產都需要一個儲存環境去存放（如：企業資料、個人資訊），儲存環境的安全會影響資料的安全性，資料的儲存環境遂現代網路資安最重要的一環。

身份認證

取資料時，必須先對使用者進行身份認證，確認其身份的正確性，避免資料的洩漏。

行為授權

除了對身份的認證之外，也需對權限進行控管。並非所有的資料都可供任何內部人士參看，需透過權限設定以及控管，將資料的重要性進行分級，對使用者的權限進行管制。

區塊鏈的不可竄改特性可針對資安的建置進行強化，確保資料的正確性以及進行後續的爭議管理

資料來源：BaaSid，MIC 整理，2021

可借鏡之處

開放銀行世代，代表資安議題將全面升級

資安議題並非是突發性，而是經常性存在的問題，且會因時代的演進面臨不同的挑戰。在過往 PC 作業時代，資料保護採集中儲存方式，透過設立防火牆以最小化資料遭駭風險。如今，隨著金融服務的數位化轉型，異業合作是為滿足消費者對多元金融服務的需求，資料上雲則是因應行動作業時代下，資料儲存方式的必要革新；換言之，資安保護的思維也應該有所改變。

國內現已進入開放銀行第二階段「消費者資訊查詢」，並將於明（2021）年進入第三階段「交易面資訊查詢」；可以想像，用戶的個資保護將是首要議題；尤其，開放銀行的精神是基於「用戶授權、資料共享」的原則下，銀行與第三方服務業者（TSP）的異業合作；因此，如何確保資料安全與個資保護將是雙方成功合作的重要考量因素。

可以確認的是，過往的獨立作業（或稱內部部屬方式）方式，已不再適合當前開放的金融發展環境；相反的，尋求夥伴關係的建立，借助科技廠商提供專業資安服務，將是金融機構推動數位轉型與非金融機構跨界提供金融服務，推動資安保護迭代更新的關鍵。

金融服務的跨界特性，需要的是「國際化」解決方案

解決方案的應用廣度（亦即，價值的向外延伸），是解決方案供應商開發特定解決方案的重要考量，同時也會顯著影響解決方案供應商的收益。可以理解的是，金融服務無國界，而解決方案的應用也應該滿足跨界需求。

博斯所採取的策略是，將解決方案與國際標準連結，在符合國際標

準驗證下，打破「標準限制」所造成的解決方案應用侷限性，同時結合雲端服務模式，實現解決方案的跨界應用。同樣的概念，在考量金融服務的跨界特性下，具「國際化」的解決方案將是必要的；可以理解的是，金融服務與法遵合規的本質都具備跨界屬性，諸如：身分識別 /KYC、法規報表 / 數據申報等存在具差異性的合規要求，因此與國際標準的連結及服務的雲端化作業，是國內金融產業未來尋求解決方案應考量的關鍵因素。

【結語】

趨勢與展望

趨勢一：次世代族群競逐白熱化

Z 世代（英語：Generation Z，或縮寫為 Gen Z）係指在 1990 年代中葉至 2000 年代中葉出生的人，基本上主要是 1995-2005 之間，同時間也被稱為 M 世代（多工世代，multitasking）、C 世代（連結世代，Connected Generation）、網路世代（Net），或是網際網路世代（the Internet Generation），從數位角度解讀，他們就是數位原住民或數位原生世代。

顧客是企業存亡的衣食父母，在組織日益變老的同時，潛在顧客群卻逐漸地變年輕，企業該如何有效的因應、如何兼顧老客戶與年輕新客戶的體驗需求，已經成為企業進行數位轉型的難題。而且，隨著顧客的年輕化、社群化，及其數位能力日趨成熟，將會擴大企業營運與年輕客群之間的數位落差。隨著時間推移，1995 年後出生的這群 Z 世代，已是全球人口最多的群體，並且是未來金融服務的主要使用者與消費群。意謂著金融服務的態樣、模式、管道乃至於場景設計，都面臨挑戰，也為金融科技業者帶來翻轉產業結構的契機。

根據數據顯示，在全球疫情肆虐的 2020 年第一季，Robinhood 客戶交易量是競爭對手 E-Trade 的 9 倍、Charles Schwab（嘉信）的 40 倍；若聚焦在選擇權交易上，Robinhood 用戶買賣數量更是 Charles

Schwab 的 88 倍，顯見年輕次世代的選擇與動向將左右未來金融領域的發展。是故業者在針對年輕次世代族群的競逐上，產業急需建立一套系統性方法，來洞察 Z 世代的生活型態與消費行為。並且，藉此逐步調整企業的產品設計、服務流程與商業模式，以符合未來市場的需求。可預期整體方向將朝多商品、優介面以及新管道三大方向努力。多商品意指業者將迎合年輕世代的選擇偏好與經濟能力，逐步擴展加密資產投資的商品與服務，全球化的投資標的以及碎片化投資商品，諸如零股或小額交易。

趨勢二：嵌入式金融成顯學

放諸金融服務的發展路徑，從產品導向，走到通路導向，再進入消費者導向。其中產品導向是顧客具備少量的選擇權和控制權，被動接受銀行高度同質化的產品服務；而銀行重心在於拓展傳統實體服務據點，追求規模效應，盡可能接觸更多的客戶。通路導向則肇因於網際網路、行動網路的進步與成熟，銀行朝多樣化的接觸管道發展，產品服務的樣態亦更加豐富。至於消費者導向，則是讓客戶具備最大化的選擇權和控制權，與當前開放銀行所掀起的風潮不謀而合。

嵌入式金融的概念是讓金融服務成為其他產品／服務的一部分，而不是作為一個產品單獨提供，其顧客服務的觀念從引進來轉為走出去，達到與應用場景融合的樣貌。傳統上是業者備好各項金融服務，以待顧客上門，然嵌入式金融則是主動出擊，將金融服務直接在顧客有潛在需求時，就送上門去，達到金融服務的無縫接軌。例如人力資源平台業者Gusto，提供其服務企業員工薪水預支；豐田和福特等汽車製造商正在利用數據改進嵌入式保險產品，都堪稱代表案例。台灣在開放銀行的推

動進程上，已經邁向第二階段，加上純網銀業者陸續開張，電支電票整合後市場增加不少類銀行業者競逐，均將加速場景金融的落地與成熟。

趨勢三：強化以數據為核心的運作思維

流程導向思維在過去金融業數位化過程中，扮演了重要的角色，然過往的流程優化，多為企業內部使用而設計，不外乎是提高內部運作的效率及降低成本；但隨著企業在各項業務活動中鉅細靡遺的累積蒐集資料，如何更精準、有效的讓數據說話，憑藉數據進行決策擬定與執行，更成為當前金融業者據此掌握市場風向、洞悉消費者需求，乃至於產品服務規劃參考的基石。

金融業要迎向數據驅動決策，有其步驟與階段，可以粗分為三大階段，首先是掌握資料階段，這部分包括各項業務活動、系統流程的數位化，關鍵環節是透過數位化作業流程，以蒐集各項業務、營運數據，俾作為數據驅動決策的基礎材料。其次便是整合階段，此階段重點在運用數位工具整合工作流程，並透過有效介面或管道擴散與分享數據，目的是讓業者內部乃至於合作夥伴得以無縫分享各項管理決策所需之數據，確保資料能夠在企業體系內平順無礙的傳遞流轉。最後階段則是應用決策階段，本階段可涵蓋兩個層次的應用模式，其一是自動化決策，係指可基於企業所蒐集整理之數據，發展與設定規則，讓業務活動之遂行上，達到自動化反應與調整，減少人為介入的程度；另一則是在整合內部資料之基礎上，納入外部數據，根據不同需求情境進行最佳化分析，進而建立自主可調適的模型，以邁向智慧化決策。故而從流程導向轉向數據驅動，已是當前金融業數位轉型的鮮明方向。

趨勢四：有序累積 Z 世代洞察的情報資料

從未來想像現在，數位經濟時代的決勝關鍵，在於運用大數據資料分析，洞察 Z 世代的行為趨勢，並將之轉化為產品服務，以滿足其數位體驗的需求。

其中，如何挖掘顧客決策行為背後的動機，設定顧客數位體驗的期望基準，引發消費，創造新營收？ 如何引發顧客關注度，提供即時、相關且有價值的情報內容，以創造親密關係之話題，在多元平台裏，進行社群化的連結與交流？ 如何節省顧客的時間與精力，對應顧客人生不同階段、多元應用場景，提供跟上潮流趨勢的金融服務？ 如何在 KYC 的基礎下，借助人工智慧輔助的風險判斷，來加速推動數位服務？ 這些重要的議題都需要更清晰、明確的 Z 世代洞察情報，才能持續地優化其數位體驗。科技雖然日新月異，然而 Z 世代卻能快速跟上，當下金融服務與 Z 世代需求之間的鴻溝可能在持續地擴大，洞察、設計、實驗、調修等精實創新的作法，是第二曲線的經營常態。值得企業經營者，取勢謀遠的進行策略性布局。

趨勢五：資訊架構從大而穩走向小而精

核心系統是金融業資訊系統的關鍵核心，對於金融業者而言宛若其維持每日順利營運的心臟，重要性不言可喻。金融業者核心系統的轉換茲事體大，每每需要長時間的前置作業，加上數年的實質轉換與導入，加上後續的持續維護需要，不論是對業者或是資訊服務廠商而言，都不會等閒視之。

以狹義的核心系統來看，在銀行是包括存款、放款與匯兌業務的系

統；保險業則聚焦在保單、理賠、費率等帳務高度相關的模組；而證券方面則鎖定在交易、清算及帳務等。然今日金融服務業務早已包羅萬象，僅以銀行為例，包括信用卡系統、財富理財管理以及企業金融等，以往這些都被視為外圍業務的系統，甚或其重要性早已凌駕傳統的核心存放匯業務，更遑論保險或證券對於顧客管理、行銷工具、或新型態數位通路等的需求，亦造成系統附加、層層疊疊、乃至於複雜耦合的資訊架構。

隨著網路與行動應用環境的成熟，面對市場快速反應的需求日增的情況下，當前金融業的資訊架構思維正走向小核心、強中台及微服務的樣貌發展。小核心顧名思義是揚棄大型資訊系統架構，回歸單純，將其他擴展應用透過中台架構與微服務模式提供。而中台是近年流行的說法，簡言之就是在前端應用服務跟後台核心系統間的一個中間層，將一些企業內部的資料數據、個別服務系統串接起來，供前端應用服務界接，降低持續干擾核心系統頻率，加速整體服務效能。至於微服務則是透過細化各應用服務範疇，建立可堆疊式的服務模組，讓前端金融服務可以如推砌積木一般快速推出與迭代發展，達到快速反應之效。

隨著雲端環境的滲透度與接受度逐步受到青睞，對於快速面對市場的敏捷開發部署需求增加，過往大型核心系統的架構已經難以回應變動性高的應用場景，金融業資訊架構正從大而穩的形貌，朝向小而精的型態推進。

趨勢六：法遵科技應用從被動轉為主動

自 2008 年金融海嘯席捲全球後，逐步增加的監理強度，讓銀行業每年在合規方面的支出幾乎占企業營運支出的 10%，相較於金融海嘯

之前，當前銀行的法遵成本較海嘯前增加了 60%。

而監理與法遵可謂一體兩面，其核心根源是相關監理的規範條文，其目的在於危害防範，於監理機構而言，用以監控市場風險；而針對金融機構，則必須據此滿足監管要求。

由於當前企業法遵成本與日俱增，降低相關執行成本便是法遵科技導入的首要目標。隨著金融業者逐步導入法遵科技之餘，其目標亦從基本的成本降低，朝向效能優化乃至於風險發現拓展。法遵科技的導入應用，將不侷限在為滿足監理需求的成本削除，其將進一步可幫助業者對個體風險進行監控，主動發現可能的風險危害，確保企業經營的穩定。

趨勢七：朝兼顧優化型與創造型的雙核心成長模式發展

從永續發展的角度，可以將企業未來的成長分為兩種類型：優化型成長與創造型成長。優化型成長的重點在於當下營運效率的優化，著重在活用數位工具、提升既有客戶群的使用經驗、擴大現有市場的市占率。而創造型成長則聚焦於未來的第二曲線、專注於新客群的經營、服

表4 金融業的兩種成長模式

	優化型成長	創造型成長
事業情境	現有結構下的第一曲線	未來新興的第二曲線
核心客群	數位移民族群如 X 世代	數位原生族群如 Z 世代
經營重點	以法遵與風險為基礎的創新	以科技與數據為核心的顛覆
商業模式	強調垂直分工的行業秩序	更關注動態連結的生態共創
競爭樣態	傳統金融與新興 Fintech 之間	偏向多元的金融使用場景之間

資料來源：MIC，2021

務場景與模式的創新。可以預見的，金融業者在追求數位轉型的道路上，勢必不可能放棄在既有基礎上的優化成長，故而在資源、時間都有限的情況下，業者如何把資源配置、時間安排得兼顧優化與創造雙核心發展，將是業者能否在劇烈變化與競爭的環境下能夠脫穎而出的關鍵。

【附錄】
本書作者群

謝明華／教授、政治大學數位金融創新實驗室執行長

　　美國史丹福大學作業研究學博士。在諸多場合講授金融監理與數位轉型。擁有金融保險產業長年的研究與實務經驗，於 2015 年起受邀擔任全球人壽獨立董事，同時擔任期交所交易業務委員會委員和中華民國退休基金協會理事。謝教授擁有科技與商學跨域的專長。對於金融監理、金融創新、數位轉型都有廣泛的涉獵和獨到的見解。謝教授同時擔任政治大學風險與保險研究中心主任和 AI 創新實驗室執行長。

周樹林／資深產業顧問兼副所長

　　研究領域：軟體產業、數位轉型、商業模式創新。

　　專精於軟體產業、數位轉型及商業模式創新等領域，二十年 ICT 產業研究與顧問經驗。曾擔任經濟部「產業技術知識服務計畫」、「科技化加值服務業創新模式研究計畫」、「兩岸產業交流策略研究計畫」等研究計畫主持人，扮演智庫幕僚，提出數十篇產業發展政策建言。榮獲 2000 年經濟部電子商務研究優等獎、2005 年 APIAA 產業顧問認證，獲邀至台大、政大、交大、清大等大專院校，以及 IBM、Microsoft、HP、SAP、Oracle、NEC、Fujitsu 等國際大廠進行專題演講。曾策劃執

行 ERP/SCM/CRM、台灣資訊國力、數位台灣、中小企業群聚創新、大型企業競爭策略、電子商務、數位生活型態等多項前瞻研究專案，接受國內外廠商委託，提供產業趨勢與市場策略等顧問服務。國立台灣科技大學資訊管理碩士，北京清華大學公共管理博士候選人。

李震華／資深產業分析師兼組長

研究領域：新興軟體技術、金融科技、資訊安全、區塊鏈暨加密貨幣。

專業於新興網路服務、資訊安全、人工智慧技術、雲端計算、軟體技術應用、區塊鏈與加密貨幣及企業資訊應用與數位轉型之研究。曾參與「雲端服務暨巨量資料產業發展計畫」、「國防資安產業行動計畫」、「區塊鏈創新生態體系發展旗艦計畫」等專案研究。曾擔任軟體工程師、系統分析師、於國際手機零組件大廠擔任材料技術研發工作數年。研究範疇為人工智慧、軟體技術、網路應用、區塊鏈技術與企業轉型等。中央大學資管系學士，東吳大學資訊科學系碩士，政治大學資訊管理系博士。

李宜熹／教授

國立中山大學財務管理博士，現任東吳大學財精系助理教授，兼任國立政治大學金融科技研究中心數位金融創新實驗室與人工智慧實驗室副執行長、東吳大學富蘭克林金融科技開發中心金融商品與科技應用實驗室召集人、東吳大學精算大數據中心委員。除在公私立大學、證券暨期貨發展基金會與台灣金融研訓院等講授及主持金融科技相關課程外，也擔任國內金融機構與新創公司之顧問，並接受官方智囊單位委託研究

計畫案，致力於產官學跨界合作之金融科技推展與數位轉型服務。

楊政霖／資深產業分析師兼專案經理

研究領域：創新商業模式。

專業於智慧零售、行動 App 應用、創新商業模式等研究。目前參與執行經濟部中小企業處「國際創業聚落示範計畫」。曾參與行政院科技會報「106 年度資料經濟・創新產業生態推動計畫」；經濟部工業局「智慧城鄉生活應用發展計畫、智慧內容產業發展計畫、體感科技創新應用發展與推動計畫、4G 智慧寬頻應用城市產業推動計畫、智慧園區學習服務推廣建議書」；經濟部技術處「次世代環境智能系統技術研發與應用推動計畫：多感官虛實互動系統、5G 通訊系統與應用旗艦計畫」、《行動行銷創新服務案例與模式分析》、《數位匯流發展現況與挑戰》、《台灣資通訊產業加值匯流轉型策略》、《全球商用 Apps 產業發展趨勢與商機》、「車載資通訊共通平台商業模式設計研究」；新竹縣政府地產基金「在地人才培育與創新整合通路」；金門縣政府「金門縣智慧城市推動計畫委託規劃案」等研究計畫。曾任職於中研院調查研究專題中心，協助執行國科會計畫。美國南加州大學公共政策與管理碩士、國立東華大學企業管理碩士。

朱師右／資深產業分析師兼產品經理

研究領域：資訊服務。

專業於人工智慧與數位金融領域研究，具逾 15 年產業暨研究經驗，涵蓋影像處理、語音訊號處理、遙感探測、數位片庫系統、行動支付、信用卡收單、數位金融、專案管理。曾參與中央研究院數位典藏國家型

計畫、數位片庫系統、微信支付、手機信用卡、行動金融卡、信用卡收單系統建置。歷練美國馬里蘭大學遙測實驗室、人工智慧學校經理人班、美國 MIT 麻省理工學院金融科技專業學程。曾發表多篇國際期刊與研討會論文。曾任職於中央研究院、民視、中華電信、台灣大哥大、新光銀行，專責企業策略規劃、創新服務開發、數位金融應用開發、專案規劃。具國際專案管理師 PMP 證照、國際敏捷專案管理師 PMI-ACP 證照。國立台北科技大學機電整合碩士及美國馬里蘭大學電信碩士。

黃仕杰／產業分析師

專業於金融科技與綠能科技研究，領域涵蓋監理（法遵）科技、區塊鏈與產業政策。目前參與國家發展委員會「加速國內區塊鏈發展產業研究計畫」與經濟部技術處「國際創業聚落示範計畫」。過去曾參與經濟部能源局「再生能源發展策略、躉購及基金費率研析計畫」、台南市政府「台南市推動再生能源計畫」、台灣電力公司「再生能源因應電業法修法之綜合研究、因應電業法修正草案綠能先行原則之綠色電價制度研究、溫室氣體管理能力強化及參與國際制度之規劃」等專案研究。曾任職於台灣經濟研究院，擔任副研究員與計畫負責人，主責擬定國內再生能源躉購費率與發展策略。國立台灣大學環境工程學研究所博士。

賴苡安／產業分析師

專業於金融科技研究，研究範疇涵蓋國際保險大廠科技創新應用、保險科技新創公司商業模式等領域。英國曼徹斯特大學商學院商業分析與策略管理碩士。

──────── 《金融數位轉型趨勢與成功方程式》編撰小組 ────────

撰稿（依編排及姓名筆畫排序）：

　　前言、觀念篇、結語、趨勢與展望：李震華、李宜熹、周樹林、
　　　　　　　　　　　　　　　　　謝明華

　　案例篇：朱師右、黃仕杰、楊政霖、賴苡安

審稿（依編排及姓名筆畫排序）：李震華、周樹林、謝明華

編輯（依編排及姓名筆畫排序）：施秀燁、黃毓文、顏湘芸

國家圖書館出版品預行編目資料

金融數位轉型趨勢與成功方程式：解析國內外19間企業轉型策略，
營運優化、顧客滿意、獲利提升、開創新商機！／謝明華、周樹林、
李震華、李宜熹、數位轉型研究團隊 著. -- 初版. -- 臺北市：
商周出版, 城邦文化事業股份有限公司出版：英屬蓋曼群島商家庭
傳媒股份有限公司城邦分公司發行, 民111.1
　　面： 公分. --
　　ISBN 978-626-318-081-9（平裝）

1. 金融業　2.數位科技　3.產業發展　4.個案研究　5.臺灣

561.7　　　　　　　　　　　　　　　　　　　110018978

金融數位轉型趨勢與成功方程式：

解析國內外 19 間企業轉型策略，營運優化、顧客滿意、獲利提升、開創新商機！

作　　　　　者／謝明華、周樹林、李震華、李宜熹、數位轉型研究團隊
責 任 編 輯／劉俊甫

版　　　　　權／黃淑敏、吳亭儀
行 銷 業 務／周佑潔、周丹蘋、黃崇華、賴正祐
總　　編　　輯／楊如玉
總　　經　　理／彭之琬
事業群總經理／黃淑貞
發　　行　　人／何飛鵬
法 律 顧 問／元禾法律事務所　王子文律師
出　　　　　版／商周出版
　　　　　　　　城邦文化事業股份有限公司
　　　　　　　　臺北市中山區民生東路二段141號9樓
　　　　　　　　電話：(02) 2500-7008 傳真：(02) 2500-7759
　　　　　　　　E-mail：bwp.service@cite.com.tw
　　　　　　　　Blog：http://bwp25007008.pixnet.net/blog
發　　　　　行／英屬蓋曼群島商家庭傳媒股份有限公司城邦分公司
　　　　　　　　臺北市中山區民生東路二段141號2樓
　　　　　　　　書虫客服服務專線：(02) 2500-7718‧(02) 2500-7719
　　　　　　　　24小時傳真服務：(02) 2500-1990‧(02) 2500-1991
　　　　　　　　服務時間：週一至週五上午09:30-12:00；下午13:30-17:00
　　　　　　　　郵撥帳號：19863813　戶名：書虫股份有限公司
　　　　　　　　讀者服務信箱E-mail：service@readingclub.com.tw
　　　　　　　　歡迎光臨城邦讀書花園 網址：www.cite.com.tw
香港發行所／城邦（香港）出版集團有限公司
　　　　　　　　香港灣仔駱克道193號東超商業中心1樓
　　　　　　　　電話：(852) 2508-6231　傳真：(852) 2578-9337
　　　　　　　　E-mail：hkcite@biznetvigator.com
馬新發行所／城邦（馬新）出版集團【Cité (M) Sdn. Bhd】
　　　　　　　　41, Jalan Radin Anum, Bandar Baru Sri Petaling,
　　　　　　　　57000 Kuala Lumpur, Malaysia
　　　　　　　　電話：(603) 9057-8822　傳真：(603) 9057-6622
　　　　　　　　Email：cite@cite.com.my

封 面 設 計／李東記
排　　　　　版／新鑫電腦排版工作室
印　　　　　刷／高典印刷有限公司
經 銷 商／聯合發行股份有限公司
　　　　　　　　電話：(02) 2917-8022　傳真：(02) 2911-0053
　　　　　　　　地址：新北市231新店區寶橋路235巷6弄6號2樓

■2022年（民111）1月初版
定價 300 元

Printed in Taiwan
城邦讀書花園
www.cite.com.tw